ENTRETIENS FAMILIERS

SUR

L'ADMINISTRATION DE NOTRE PAYS

LE DÉPARTEMENT

CHATEAUROUX. — TYPOG. A. NURET ET FILS ; MAJESTÉ, SUCCESSEUR

ENTRETIENS FAMILIERS

SUR

L'ADMINISTRATION DE NOTRE PAYS

LE DÉPARTEMENT

PAR

MAURICE BLOCK

MEMBRE DE L'INSTITUT

QUATRIÈME ÉDITION.

PARIS

BIBLIOTHÈQUE DES JEUNES FRANÇAIS

J. HETZEL ET Cⁱᴱ, 18, RUE JACOB

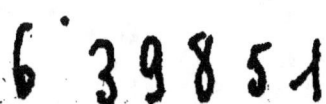

TABLE DES MATIÈRES

Pages.

Chap. I. Le département.......................... 7

— II. La centralisation...................... 13

— III. La décentralisation.................... 19

— IV. Les autorités départementales........... 27

— V. Le préfet............................ 32

— VI. Le conseil général. — Formation du conseil. 42

— VII. Les sessions des conseils généraux........ 50

— VIII. Attributions du conseil général........... 58

— IX. Le budget départemental.............. 66

— X. Travaux publics, routes et chemins....... 77

— XI. Le département considéré comme propriétaire. 84

— XII. Instruction publique et bienfaisance....... 90

— XIII. La commission départementale. — Les intérêts communs à plusieurs départements.. 94

— XIV. Le conseil de préfecture................ 104

— XV. L'arrondissement...................... 110

— XVI. Le canton.......................... 121

Voici; en attendant, le département, c'est le lien natu-rel, indispensable et inévitable entre l'État et la com-mune. Comment la tête commanderait-elle à la main, si elle n'avait pas le bras à sa disposition? Mais, considéré en lui-même, le département me semble présenter un grand intérêt, et je crois que le lecteur sera de mon avis. J'espère aussi qu'il trouvera, comme moi, l'exposé de l'organisation administrative du département très clair et assez complet. Quoique je sois un chaud ami de M. Laurentin, je n'ai pas l'habitude de le flatter, et jus-qu'à preuve du contraire, je croirai que le public recevra avec bienveillance ce petit recueil de conversations sur l'administration départementale.

MAURICE BLOCK.

LE DÉPARTEMENT

CHAPITRE PREMIER

LE DÉPARTEMENT.

On resta quelque temps sans se réunir. M. Laurentin, qui était membre du conseil général, dut partir et ne revint qu'au bout de quelques semaines; il y eut encore d'autres empêchements; enfin, vers la fin du mois de septembre, on se retrouva un soir chez M. Lefèvre au grand complet. On avait bien des choses à se dire de part et d'autre, et M. Laurentin donna quelques détails sur la session du conseil général. On fut ainsi amené à reparler administration, et d'un commun accord on remit au lendemain soir la reprise des conversations régulières et suivies sur l'organisation du pays. On convint même qu'on étudierait plus spécialement le département.

Le lendemain, on fut fidèle au rendez-vous, et l'on avait pris un air si solennel, que M. Laurentin se mit à dire en riant : « La séance est ouverte ; quelqu'un demande-t-il la parole ?

— Moi, père, s'écria Gaston. Tu voulais nous parler du département?

— C'est-à-dire que tu me repasses la parole ; mais pose d'abord ta question. »

Gaston se tut, mais Jean prit son courage à deux mains et demanda ce que cela voulait dire : le département.

« Oh ! cela, je le sais bien, s'empressa de dire Gaston, c'est une grande division administrative de la France, il y en a 86. Le département se divise en arrondissements, l'arrondissement en cantons... »

Jean semblait peu édifié par ce savoir si abondant de son camarade, et pour montrer qu'il n'était pas aussi ignorant qu'il en avait l'air, il se mit à réciter à haute voix : Ain, Aisne, Allier, Alpes (Basses), Alpes (Hautes)... et il aurait continué jusqu'au bout, car il les savait par cœur, si son père ne l'avait interrompu.

« Bon, c'est assez, dit-il ; laissez donc parler M. Laurentin, puisque vous lui avez posé une question.

— Le département, répondit-il, est en effet une division administrative de la France, et ces divisions s'appellent : Ain, Aisne, etc. Cela est vrai, nos enfants ont raison, l'un et l'autre, mais quelques mots d'explication ne seront pas de trop. Nous avons vu que le gouvernement a divisé les affaires publiques selon leur nature : un ministre est chargé des finances, un autre de la justice, un troisième des travaux publics, et ainsi de suite. Pourquoi a-t-on divisé la besogne ? Parce que personne ne peut faire tout à lui seul. Aussi, plus la besogne est considérable, plus il faut subdiviser. Si toutes les affaires administratives devaient aller à Paris, les ministères n'y suffiraient pas, et cette accumulation de travail aurait pour le moins l'inconvénient de retarder les solutions. Or, le temps est peut-être ce qu'il y a de plus précieux au monde. On s'est donc dit : divisons le pays en circonscriptions territoriales ; une partie des affaires se feront sur place, rapidement et en connaissance de cause ; le gouvernement sera déchargé, et les citoyens seront satisfaits. Voilà comment les départements sont des divisions administratives. »

Il y eut un moment de silence, ce qui prouva qu'il restait des doutes. Enfin M. Martin dit :

« Mais il me semble qu'il y avait des provinces autrefois en France, et que les provinces ont été divisées en départements.

— C'est très juste, répondit M. Laurentin, et j'attendais cette observation, avant de continuer. Tout grand territoire a besoin d'être divisé pour le service de l'administration ; mais, comme vous avez appris l'histoire, vous savez que les États, et parmi eux la France, ont généralement commencé par être petits, et qu'ils se sont agrandis peu à peu ; quand le nouveau territoire adjoint à l'ancien était d'une certaine grandeur, on en faisait une province. Il y avait même pour cela plusieurs raisons de premier ordre. L'une est que les provinces avaient déjà formé antérieurement un État, ayant des populations d'un caractère spécial, vivant sous une organisation à part, obéissant à des lois auxquelles elles étaient accoutumées ; l'autre, c'est que l'accession à la France eut lieu sous la condition qu'on laisserait aux populations leurs droits et leurs usages ; une troisième, c'est que pendant longtemps la France, comme tous les autres pays d'ailleurs, n'était pas assez bien organisée pour imposer sa propre administration aux territoires nouvellement acquis. Il y avait encore d'autres raisons qu'il est inutile de rappeler. En somme, ces provinces vivaient sous les régimes les plus différents. L'administration s'améliora et se développa peu à peu, mais l'unité ne fut établie qu'à la suite de la Révolution de 1789.

— Je me rappelle avoir lu, dit M. Lefèvre, qu'il y avait alors un enchevêtrement inextricable de provinces, gouvernements, généralités, pays d'États, pays d'élections, territoires dits étrangers; que telle province avait plus ou moins de privilèges, que telle autre n'en avait pas du tout.

— La confusion, répondit M. Laurentin, était réellement grande, et surtout l'inégalité entres les différentes parties de la France; cette inégalité, il fallait la faire cesser au plus vite. Puis, comme, en renversant les anciens abus, on avait en même temps détraqué l'organisation administrative, avant de rien édifier, il fallait établir le cadre d'une organisation nouvelle. Dès 1789 on songea donc à remplacer les provinces par des départements.

— On dit aussi, fit remarquer M. Lefèvre, qu'on voulait faire disparaître l'esprit provincial, pour qu'on ne se sentît pas un peu plus Normand, Breton, Picard que Français; on craignait peut-être aussi que les provinces qui avaient perdu des privilèges ne les regrettassent, et saisissent une occasion propice pour les reprendre, surtout. les grandes provinces qui formaient des territoires étendus

Quelques personnes croyaient même les provinces capables de se séparer de la France, pour se constituer en États indépendants...

— C'est pour cette raison, ajoute M. Martin, qu'on affirmait à tout propos que la France est « une et indivisible ».

— Quelles que soient les raisons qu'on a pu faire valoir, continue M. Lefèvre, la division de la France en départements a eu pour but et pour effet de faire disparaître toute différence entre les diverses parties du territoire, de donner une plus grande unité aux populations, de rendre la France plus compacte.

— Tout cela est vrai, dit M. Laurentin. Peut-être la division en départements a-t-elle été faite un peu trop à la hâte ; mais, si l'on découvre quelque défaut, il n'est jamais trop tard pour les réformer. Quelques changements ont d'ailleurs été opérés depuis 1790, mais ce sont là des détails. L'essentiel est ceci : les départements se sont consolidés ; ils sont devenus comme de grandes communes, ils ont une personnalité, des propriétés ; ils ont des intérêts communs, mais ils n'ont plus l'esprit provincial ; leurs habitants se sentent Français et rien que Français, qu'ils vivent sur les bords de la Loire, du Rhône, de la Seine, sur les hauteurs des Cévennes ou dans les plaines du Nord. »

CHAPITRE II

LA CENTRALISATION.

« L'unité, dit le lendemain M. Lefèvre en reprenant la conversation, l'unité est un grand bienfait pour un État, c'est une des conditions de la santé politique, s'il est permis de s'exprimer ainsi ; l'unité vaut encore mieux que l'union qui, pourtant, *quand elle dure*, « fait la force », car l'unité rend indestructible. Cependant, elle cause un danger : l'excès de centralisation.

— Cher voisin, fit M. Laurentin, vous touchez là à une question qui était autrefois bien brûlante, et on la discutait avec beaucoup de chaleur ; actuellement elle ne passionne plus personne, car satisfaction a été donnée, du moins en très grande partie, aux désirs des citoyens.

— Père, qu'est-ce au fond que la centralisation ? demanda Gaston.

— Cela veut dire, répondit M. Laurentin, que les affaires administratives de tout le pays sont attirées au centre, à la capitale, à Paris.

— D'où elles reviennent au bout de plusieurs mois et même de plusieurs années, ajouta M. Martin.

— Tandis que nous aurions pu les résoudre nous-mêmes sur place, en peu de temps, dit à son tour M. Lefèvre.

— Vous prenez chacun, fit remarquer M. Laurentin, le mot centralisation dans un sens différent : M. Martin se plaint de la perte de temps qu'elle cause ; vous regrettez que beaucoup de décisions attribuées par la loi aux fonctionnaires du gouvernement, ne soient pas reservées aux mandataires des citoyens, c'est-à-dire à des personnes élues, par exemple : conseillers généraux, municipaux.

— Et pourquoi ne déciderait-on pas des affaires locales dans les localités mêmes ? n'est-ce pas cela que les Anglais appellent *self-government ?*

— Nous saurons, certes, nous gouverner aussi bien que d'autres, s'écria M. Martin.

— Personne n'en doute, répliqua M. Laurentin. Personne ne conteste non plus que le siège naturel de l'administration locale (départementale ou communale) est dans la localité même ; mais cela existe presque complètement, et si vous parlez encore de centralisation, vous êtes un peu en retard sur votre temps. »

Les voisins ne purent s'empêcher d'exprimer leur étonnement avec quelque énergie.

« Mais, oui, continua M. Laurentin ; vous êtes très occupés, vous ne lisez pas beaucoup et, en tous cas, pas assez de lois ; vous n'êtes plus au courant. Peut-être ferais-je bien de remonter un peu haut dans notre histoire, pour montrer, en quelques traits, comment les choses se sont développées.

— Nous vous écouterons avec plaisir.

— Oh ! je n'ai rien à raconter, j'ai seulement à vous rappeler quelques points que vous savez très bien. Vous n'ignorez pas, en effet, que la France a été sous le régime de la féodalité. Le territoire était divisé en un grand nombre de duchés, comtés, baronnies ou seigneuries, qui, tous, tendaient à se rendre indépendants, souverains· Ces fiefs ou domaines étaient généralement gouvernés par de petits despotes qui commandaient à des serfs, presque à des esclaves. C'était un temps très triste. Heureusement les hommes qui habitaient cette belle contrée qu'on appellera bientôt *la France*, qu'ils fussent nobles, prêtres, bourgeois ou peuple, avaient le sentiment d'appartenir à une même grande famille ; ils voulurent avoir un lien, un lien visible, qui fût la marque extérieure de l'unité : les descendants de Hugues Capet devinrent ce lien. Le pouvoir réel des rois était bien faible au début, la lutte avec les grands vassaux a été longue, elle a duré des siècles ; mais, dans ces temps barbares, il a été heureux qu'une famille puissante eût un *intérêt* un intérêt majeur, à constituer l'unité française. Il fallait pour cela de la persévérance et cet esprit de suite que donne un intérêt héréditaire. Je ne dirai pas que les rois ont toujours su prendre les meilleures mesures, je dis seulement que c'était pendant des siècles, pour eux et pour la France, une véritable nécessité de centraliser autant que possible ; oui, c'était une nécessité.

« Seulement, on n'a pas su s'arrêter à point, on dépassa le but. Lorsque la Révolution éclata, il arrivait des plaintes de tous les côtés, on sentait vivement qu'il fallait des réformes, et comme on était pressé, on se borna à faire le contraire de ce qui existait auparavant. Au lieu d'un fonctionnaire unique, l'intendant, nommé par le roi, on établit dans chaque département des administrations élues par les citoyens. Les administrations se composaient de 36 membres élus pour quatre ans ; l'assemblée était divisée en deux sections, l'une formant le *conseil de département,* l'autre le *directoire ;* c'est ce dernier qui administrait. Je ne veux pas entrer dans de plus amples détails sur cette organisation, je dirai seulement qu'elle ne réussit pas. C'était une époque de désordre et de passions, le pays était en fermentation, la législation était d'une grande mobilité, on n'avait pas le temps de l'apprendre ; puis des guerres, de mauvaises récoltes, le chômage général de l'industrie, l'arrêt complet du mouvement commercial. Comment veut-on qu'en pareille situation des comités (directoires) composés d'hommes peu préparés à leur besogne, et avec cela élus et voulant être réélus, pussent administrer ?

— Ils l'auraient appris, dit M. Lefèvre.

— C'est possible, mais, en attendant, le département payait les frais de l'apprentissage. Toutefois, nous ne savons pas ce qui serait arrivé sans le 18 brumaire. Vous vous rappelez la signification de cette date. Devenu premier consul, c'est-à-dire chef du gouvernement, Bonaparte ne tarda pas à réorganiser le département.

— Il était capable, celui-là, dit M. Martin.

— Il entendait du moins son intérêt, ajouta M. Lefèvre.

— Vous le jugerez d'après son œuvre, fut l'avis de M. Laurentin. C'est par la loi du 28 pluviôse an VIII (17 février 1800) que l'administration départementale fut réorganisée. Cette loi établit dans chaque département un préfet, un conseil de préfecture et un conseil général : un préfet, pour l'action, pour l'exécution; les conseils, pour donner leur avis. Ce qui était remarquable, c'est que le gouvernement ne nommait pas seulement le préfet

2

et le conseil de préfecture, il désignait aussi les membres du conseil général. Les citoyens n'avaient plus de représentants élus, plus de mandataires de leur choix, tout émanait du gouvernement, tous les dépositaires du pouvoir public étaient ses agents.

— Les conseillers généraux n'étaient donc pas élus? demanda Gaston, non sans marquer son étonnement.

— Nullement, répondit son père, ni les conseillers municipaux non plus.

— Dans ce cas, on aurait pu tout à fait s'en passer, fit remarquer M. Martin ; les préfets ou les maires auraient pu faire la besogne tout seuls.

— C'est ce qu'on pensa généralement, et voilà ce qui fit demander la décentralisation avec tant d'ardeur. On se plaignait de n'avoir aucune influence sur les affaires locales.

— Et on avait raison de se plaindre, s'écria M. Lefèvre ; ce sont nos affaires, personne ne les connaît aussi bien que nous, c'est à nous à les régler.

— Certainement, dit M. Laurentin ; seulement, tout d'abord les affaires locales avaient bien peu d'importance, et l'instruction n'était pas très répandue ; mais les affaires se multiplièrent, et l'instruction se répandit. De plus, le gouvernement avait changé ; sous la Restauration, les

Chambres avaient acquis des pouvoirs plus grands et plus réels ; l'opinion publique réclamait, et bientôt on fut d'accord sur ce point que la centralisation était poussée trop loin et qu'il fallait décentraliser. On céda, mais avec une sage lenteur, de sorte qu'on avança toujours sans jamais reculer. »

CHAPITRE III

LA DÉCENTRALISATION.

« Cher voisin, dit M. Lefèvre, Jean a été frappé du mot par lequel vous avez terminé, hier soir ; il sait bien que lorsqu'on court trop vite on peut tomber, mais il ne voit pas que la lenteur soit un bon moyen d'avancer.

— Les questions graves, fut la réponse, ont besoin d'être examinées sous toutes leurs faces ; si l'on se décide trop vite, on s'expose à se tromper ; on subit des dommages, et on se voit forcé de revenir sur ses pas, ce qui est tout le contraire du progrès.

— Il me semble, dit M. Martin, qu'on ne s'est pas trop hâté de décentraliser.

— Et pourquoi ne s'est-on pas pressé devantage? demanda Gaston.

— Puisque le principe était admis? ajouta M. Martin.

— Formuler un principe, mes amis, cela est facile, expliqua M. Laurentin; ce qui est difficile, c'est l'application. On reconnaissait qu'il fallait décentraliser, mais on ne voyait pas tout de suite quelle part d'autorité le gouvernement devait retenir et quelle part il devait céder. Il y avait des personnes qui voulaient réserver au gouvernement la haute main en tout, parce qu'elles se méfiaient des jalousies locales, de la partialité des uns ou des autres, quelquefois de l'insuffisance d'instruction. Il y avait tant de difficultés à vaincre qu'à partir de 1821 plusieurs projets de loi furent présentés et retirés, et qu'on ne parvint qu'en 1833 (loi du 22 juin) à rétablir l'élection des conseillers généraux.

— C'était un premier pas, dit M. Lefèvre.

— Et qui n'était pas sans importance, continua M. Laurentin. Le conseil général se composait d'autant de membres qu'il y avait de cantons, mais pas de plus de 30; s'il y avait plus de 30 cantons, on en réunissait deux pour rentrer dans le nombre légal. Les électeurs devaient payer

200 fr. d'impôts, et si le canton n'en comptait pas 50, on les complétait en prenant les contribuables les plus imposés. Les candidats devaient également payer 200 fr. d'impôts, et dans le département même; ils étaient élus pour 9 ans et se renouvelaient par tiers. Je ne rappelle que les points importants.

— Le plus important, dit M. Lefèvre, c'est de connaître leurs attributions.

— A cet égard, on en était encore à la loi de l'an VIII (1800).

— Et que disposait-elle?

— Elle chargeait le conseil de répartir les contributions directes entre les arrondissements; de prononcer sur les réclamations ou demandes en réduction faites par les localités; de déterminer, dans les limites fixées par la loi, le nombre des centimes additionnels départementaux; d'entendre le compte annuel que le préfet rendait de l'emploi de ces centimes. Enfin, dit la loi, « il exprimera son opinion sur l'état et les besoins du département, et l'adressera au ministre de l'intérieur ».

— C'était tout ?

— C'était tout. Quelques formalités à remplir et des vœux à exprimer. Ce n'est qu'en 1838 (loi du 10 mai) que des attributions plus sérieuses furent conférées aux conseils généraux. Ils eurent à délibérer sur un grand nombre de points; leurs décisions eurent encore besoin d'être approuvées, mais le gouvernement n'y pouvait rien changer : il les admettait ou les rejetait. Sur d'autres points, il était tenu de demander l'avis du conseil général; l'avis ne liait pas le gouvernement, mais il exerçait une influence incontestable. Bien entendu, il était toujours permis au conseil d'exprimer des vœux. C'est surtout relativement au budget départemental que les pouvoirs du conseil furent élargis; ce budget n'est devenu sérieux qu'à partir de 1838.

— C'est donc depuis 1838 qu'il y a un vrai conseil général, dit M. Lefèvre.

— Il est permis de s'exprimer ainsi, quoique ce ne fût encore qu'un point de départ. Les pouvoirs des conseils généraux furent développés ou étendus par deux lois, dont j'aurai encore à parler; mais auparavant je dois mentionner deux décrets, l'un du 25 mars 1852, l'autre du 13 août 1863, qui portent le titre de décrets de décentralisation. Ils chargent les préfets de prendre un certain nombre de décisions sur des objets réservés jusqu'alors, soit au chef de l'État, soit aux ministres. Ils n'augmentent pas, par conséquent, les pouvoirs des conseillers généraux, mais ils abrègent sensiblement les délais; les affaires en question ne vont plus à Paris, elles reçoivent leurs solutions dans le département même où elles sont nées.

— Il me semble, dit M. Martin, que cet avantage n'est pas à dédaigner.

— Je suis du même avis, dit M. Laurentin, c'est de la véritable décentralisation, si l'on prend le mot dans son sens littéral. Les affaires ne vont plus à Paris ; mais ce n'est pas précisément cela qu'on demandait ; on désirait voir diminuer ce qu'on appelle la *tutelle administrative.*

— Explique-nous ces mots, père, dit Gaston.

— Rien n'est plus facile, mon fils. Le département étant une partie de la France — et la même chose s'applique à la commune — l'État ne peut pas être indifférent à ce qui s'y passe. Le département fait partie de son corps ; si j'ai mal à la main, tout mon corps peut en être malade ; de même, si une division territoriale ou seulement une commune souffre, la France entière peut en être plus ou moins affectée.

— Cela s'appelle la solidarité nationale, dit M. Lefèvre.

— Justement. Supposez qu'une inondation ravage la vallée de la Garonne ou de la Loire, vite on viendra en aide aux malheureux inondés.

— Mais l'inondation n'est pas leur faute, dit M. Martin.

— C'est possible, et généralement cela est vrai. Mais on peut supposer, cependant, qu'ils n'ont pas pris toutes les mesures de prévoyance ou de précaution que l'expérience indique. N'aurait-on pas le droit et le devoir d'intervenir, pour les contraindre à prendre les mesures de protection nécessaires? Et il n'y a pas que les inondations; un département peut se nuire de toutes les façons, ou il peut nuire à ses voisins....

— Il me semble, cher voisin, qu'on peut aller loin ainsi, dit M. Lefèvre. Il faut cependant supposer que les représentants d'un département renferment assez de gens intelligents, qui sauront éviter la plupart de ces maux ou de ces fautes.

— Je n'en doute pas, répliqua M. Laurentin en souriant; il ne m'est pas permis d'avoir une opinion défavorable d'un corps auquel j'ai l'honneur d'appartenir. Aussi ne demanderai-je jamais qu'on donne un sens très large au mot tutelle; je ne veux pas qu'on nous prenne tout à fait comme des mineurs, quoique nous soyons des enfants de la France; il y a, en tout, une mesure à garder, ni trop, ni trop peu. Je demande le *self-government,* qu'on nous laisse administrer à peu près librement nos propres affaires départementales, mais qu'on intervienne là où nous allons au delà. Engager fortement l'avenir, c'est également aller au delà de la bonne mesure. Par cette raison, je n'aime pas qu'on parle trop d'*autonomie.*

— Autonomie ?

— C'est-à-dire le droit de faire ses propres lois. Le département ne doit pas oublier qu'il est coupé dans les chairs de la France ; qu'il ait les coudées franches, mais qu'il ne tende pas à l'indépendance complète.

— C'est, comme vous le disiez tout à l'heure, dit M. Martin, une affaire de mesure.

— Les deux lois auxquelles je faisais allusion semblent répondre à la bonne mesure, la loi de 1871 (18 août) naturellement plus que la loi de 1866 (18 juillet).

— Vous nous ferez connaître ces lois, cher voisin.

— Nous causerons longuement de la loi de 1871, car c'est celle qui nous régit ; je serai court sur la loi de 1866, je montrerai seulement, et un seul exemple suffira pour cela, qu'elle constitue un progrès sur celle de 1838.

— Nous écoutons.

— Tenez, l'article 1er de la loi de 1866 est ainsi conçu : « Les conseils généraux statuent *définitivement* sur les affaires ci-après désignées : 1° acquisitions, aliénation et échange de propriétés départementales mobilières ou immobilières.... » Dans la loi de 1838, le conseil général délibère sur ces matières, mais sa décision doit être approuvée par ordonnance royale, si les propriétés valent plus de 20,000 fr. ; l'autorisation du préfet suffisait pour des propriétés d'une moindre valeur. Le décret de 1852 avait déjà conféré au préfet le pouvoir de donner l'approbation, quelle que fût la valeur des propriétés ; la loi de 1866 fait un pas de plus et accorde au conseil général le droit de prendre une décision définitive. C'était une grande marque de confiance, et l'expérience a prouvé qu'elle était méritée. Du reste, le pouvoir central n'est pas désarmé, il pourrait, au besoin, arrêter les écarts nuisibles au pays.... Je viens d'examiner le nº 1 de l'article 1ᵉʳ ; mais, si l'on passait en revue les autres articles de la loi, on trouverait très souvent que les pouvoirs des conseils généraux ont été étendus.

« Le progrès est naturellement bien plus visible si nous prenons la loi du 10 août 1871, qui renferme des innovations importantes ; mais cette loi, que j'aurai toujours sur moi dans nos petites réunions du soir, il faudra l'examiner un peu en détail. Plus j'étudie cette loi, plus je trouve que toute satisfaction est donnée, ou à peu près, aux demandes de décentralisation qui passionnèrent tant les esprits il y a quelque temps. Celui qui voudrait aller plus loin aboutirait à « la fédération », système qui consiste à changer les départements en États souverains, indépendants, et à faire de la France une union d'États. Ceux qui ont eu cette malheureuse idée n'ont donc pas lu l'histoire? Ils auraient vu qu'il n'y a pas eu une seule confédération, depuis les Égyptiens, les Hébreux, les Grecs de l'antiquité, jusqu'à la Suisse, les États-Unis et l'Allemagne, dans les temps modernes, qui n'ait eu ses guerres civiles. Du reste, quelle drôle de manière de consolider une pierre que.... de la casser en morceaux. »

On se sépara en riant.

CHAPITRE IV

LES AUTORITÉS DÉPARTEMENTALES.

Le lendemain, M. Laurentin avait à la main une petite collection de numéros du *Bulletin des lois,* pour les con-sulter au besoin. C'est qu'il prenait ces conversations très au sérieux ; il était d'avis qu'il était plus utile de connaître l'organisation de l'administration de son propre pays que la géographie de l'Inde et même que l'histoire naturelle de l'Amérique ; il corrigeait volontiers un vilain proverbe que tout le monde connaît, en disant : *Savoir* bien entendu commence par soi-même. Aussi, avant de reprendre la conversation, s'informa-t-il si les jeunes gens avaient déjà une idée générale de l'administration départementale. A la question qu'il posa, on lui répondit :

« Le département est administré par le préfet et le conseil général : le conseil délibère et le préfet exécute.

— Or, la loi de 1871, dit M. Laurentin, a établi une innovation très importante, elle a créé la commission départementale.

— C'est le conseil général qui l'élit dans son sein, ajouta M. Martin.

— Précisément, dit M. Lefèvre. Le conseil général se réunit au moins deux fois par an, mais il fonctionne en tout pendant quelques semaines ; le reste du temps, le préfet administre seul le département. S'il se trompait, qui pourrait l'en avertir avec autorité ? Eh bien ! c'est à la commission permanente que ce droit a été conféré.

— La commission départementale, reprit M. Laurentin, est élue chaque année au mois d'août ; elle se compose de quatre membres au moins et de sept au plus, choisis, autant que possible, dans des arrondissements différents, de manière à les représenter tous dans la commission. Les membres de la commission sont toujours rééligibles. Ils se réunissent à la préfecture, au moins une fois par mois, plus souvent s'il le faut. Les membres des commissions départementales ne sont pas rétribués.

« Voilà donc, continue M. Laurentin, la composition du nouveau rouage départemental, qui vient de prendre place à côté du préfet et du conseil général, sans oublier le conseil de préfecture. Mais il y a une importante distinction à faire : le préfet est chargé seul des affaires de l'État, et quelquefois la loi l'oblige, pour assurer la maturité des décisions, à consulter le conseil de préfecture. Le conseil général et la commission départementale n'ont pas à s'occuper des affaires de l'État, ils contribuent seulement, et beaucoup, à l'administration du département ; dans le plus grand nombre de cas, la décision souveraine leur appartient. De cette façon, tous les intérêts sont sauvegardés.

— Il me semble, dit M. Lefèvre, que ce ne sont pas là toutes les autorités du département.

— Ce sont du moins, répond M. Laurentin, toutes les autorités supérieures départementales ; les autres, comme l'agent-voyer dont nous parlerons un autre jour, sont leurs subordonnées.

— Et le directeur des contributions, et l'inspecteur d'académie, et l'ingénieur en chef, et les autres ?...

— Il faut s'entendre. Il y a les fonctionnaires départementaux qui appartiennent au département ou s'occupent des affaires départementales ; il y a en outre les fonctionnaires de l'État qui exercent une attribution du gouvernement dans le département. Les premiers considèrent le département comme un tout, pour ainsi dire, comme une personne ; les autres le regardent comme une simple division, une fraction, une partie de la France. Il me semble que nous avons déjà parlé de ces fonctionnaires. Il ne sera cependant pas sans utilité de les passer en revue, pour avoir une idée de l'ensemble. Nous allons les classer par ministère :

Ministère de l'Intérieur : Préfets et sous-préfets.

Ministère des Finances : Directeurs des contributions directes, avec des inspecteurs et des contrôleurs.

Directeurs des contributions indirectes avec des inspecteurs, des receveurs et des préposés.

Directeurs des douanes, dans les départements frontières.

Directeurs de l'enregistrement et du timbre, avec des inspecteurs, sous-inspecteurs et vérificateurs. Des conservateurs des hypothèques.

Directeurs des tabacs, dans huit départements. Des entreposeurs des tabacs.

Trésoriers-payeurs généraux (dans les chefs-lieux de département) et receveurs des finances (dans les arrondissements) ; percepteurs.

Ministère de la Guerre : Généraux de division et de brigade.

Ministère de la Marine : Préfets maritimes (dans cinq ports) et commissaires.

Ministère de l'Instruction publique : Recteurs (dans 16 départements) ; inspecteurs d'académie (dans chaque département) ; inspecteurs de l'instruction primaire (au moins un par arrondissement).

Ministère des Cultes : Archevêques et évêques.

Ministère des Travaux publics : Ingénieurs en chef des ponts et chaussées ; ingénieurs des mines.

Ministère de l'Agriculture et du Commerce : Conservateurs, inspecteurs des forêts et gardes généraux ; chambres de commerce.

Ministère des Postes et Télégraphes : Directeurs, inspecteurs et receveurs.

Ministère de la Justice : Des Cours dans 26 départements, un tribunal par arrondissement. Des procureurs généraux et avocats généraux près des Cours ; des procureurs de la République et des substituts près des tribunaux ; des greffiers. »

CHAPITRE V

LE PRÉFET.

M. Lefèvre fait remarquer, et l'on trouva que c'était avec raison, qu'il a été souvent question du préfet ; on a bien vu que ses attributions étaient nombreuses, mais on n'a pas encore eu l'occasion d'obtenir une idée de l'étendue de ses pouvoirs.

C'était faire appel à l'obligeance de M. Laurentin qui, comme toujours, se montra empressé d'être agréable à ses amis.

« Vous savez déjà, dit-il, que ce haut fonctionnaire est nommé par le chef de l'État, le président de la République, sur la proposition du ministère de l'intérieur qui, généralement, consulte ses collègues les ministres. Tous les préfets ont les mêmes pouvoirs ; s'il y a des préfets de 1re, 2e ou 3e classe, la différence ne s'applique qu'au traitement. On donne un traitement plus élevé aux préfets qui ont de grands départements ou qui ont un mérite personnel acquis par de longs et bons services.

— C'est l'État qui paye ce traitement? demanda Gaston.

— Et qui veux-tu qui le paye? demanda à son tour M. Martin.

— Le département, fut la réponse.

— Non, le traitement du préfet est inscrit au budget de l'État, dit son père.

— Et qu'entend-on par le fonds d'abonnement? demanda M. Lefèvre.

— C'est un fonds destiné à payer les employés, les fournitures des bureaux et autres dépenses analogues. C'est également l'État qui le fournit (quelques départements ajoutent un supplément). Mais ne nous arrêtons pas à ce détail, l'essentiel est de connaître les attributions du préfet. Ces attributions, on les divise généralement en quatre catégories.

— Quatre catégories?

— Oui. Le préfet est avant tout agent du gouvernement. En cette qualité, il représente au besoin tous les ministres, et s'il y a une mesure politique à prendre, c'est lui qui en est chargé. Il est le supérieur hiérarchique de tous les fonctionnaires du département : c'est à lui qu'on s'adresse, si l'on a à se plaindre du maire ou du sous-préfet ; c'est lui qui renseigne le gouvernement ; c'est lui qui surveille

3

l'exécution des lois ; c'est lui qui prend les mesures ur-
gentes qu'aucune disposition législative n'a confiées à un
autre agent. Cela veut dire qu'il a des pouvoirs généraux,
car il est l'autorité, il est l'administration, dont aucun
pays ne peut se passer. Quand on ne sait pas à qui s'a-
dresser, on va au préfet, et généralement on ne se sera pas
trompé.

— Il faudrait cependant entrer dans quelques détails,
dit M. Lefèvre.

— Je vais l'essayer, répond M. Laurentin.

« Le préfet nomme aux emplois salariés et à beaucoup
d'emplois non salariés. Il y en a 40 ou 50 qu'il serait trop
fastidieux d'énumérer [1].

« Le préfet est chargé de maintenir l'ordre public. Il
a le droit de requérir la force armée pour repousser les at-
taques des malfaiteurs, dissiper les attroupements sédi-
tieux et assurer l'exécution de la loi. Il est inutile de dire
que la police du département lui est confiée. La police
embrasse tout ce qui est relatif à la sécurité publique.
C'est un domaine très vaste, que le préfet partage avec le
maire ; nous en parlerons plus au long lorsqu'il sera
question des municipalités.

1. On en trouvera la liste au *Dictionnaire de l'administration française* de M. Maurice Block, p. 753.

« On peut comprendre dans la police les règlements qui concernent la salubrité, l'autorisation des ateliers dangereux et incommodes et quelques autres attributions semblables.

« En matière financière, il a des attributions plus nombreuses qu'importantes ; je ne les énumère pas, me bornant à dire que les directeurs des contributions directes, dans les départements, n'ont souvent pas assez d'autorité pour donner force exécutoire à leurs décisions ; le préfet, représentant le gouvernement, donne cette force à l'acte qu'il signe. Par exemple, le directeur des contributions directes a fait la matrice des rôles d'imposition (la liste des imposables); cette pièce, il faut qu'elle soit déclarée exécutoire par le préfet.

« Il a des pouvoirs plus sérieux en matière de voirie, de travaux publics, de régime des eaux, quoiqu'il soit, en ces matières, souvent tenu de consulter l'ingénieur en chef. Par exemple, personne ne peut bâtir le long des grandes routes, sans que le préfet ait délivré l'alignement ; le préfet ordonne toutes les mesures qui intéressent la sûreté de la circulation ; il autorise les prises d'eau sur les rivières, l'établissement de moulins, débarcadères, etc.

« C'est le préfet qui élève le conflit, lorsque les tribunaux empiètent sur les attributions de l'administration ;

c'est lui qui représente l'État dans les procès avec les particuliers. Pour les procès, il y a cela de remarquable qu'on ne peut pas intenter un procès à l'État sans adresser avant tout au préfet, un mémoire, dans lequel on expose les droits qu'on veut faire valoir. C'est souvent un moyen d'éviter le procès.

« Je n'ai cité, continue M. Laurentin, qu'un petit nombre d'exemples, mais ils suffisent pour vous donner une idée de la multiplicité des attributions du préfet, lorsqu'il agit en qualité de représentant de l'État, ou du gouvernement, ou de l'autorité publique, ou de l'intérêt général, quatre expressions qui signifient presque la même chose.

— En somme, fait remarquer M. Martin, quand on a affaire à l'administration, on doit s'adresser au préfet.

— Ou au maire, compléta M. Lefèvre.

— Si l'on n'est pas satisfait de la décision du maire, c'est encore au préfet qu'on a recours, répliqua M. Martin. D'ailleurs, au-dessus du préfet il y a le ministre.

— Mais ne perdons pas de vue l'objet principal de notre conversation, reprit M. Laurentin. Nous avons constaté qu'on divise les attributions du préfet en quatre catégories ; nous en connaissons une : le préfet considéré comme représentant du gouvernement. La 2ᵉ catégorie comprend les attributions du préfet comme représentant du département. Ici il n'a plus guère l'occasion d'agir seul ; il prépare la besogne, étudie les questions, soumet des rapports et des propositions au conseil général, les défend au besoin devant le conseil, et discute les amendements ou améliorations. Lorsque le conseil a pris une décision, le préfet l'examine d'abord comme représentant du gouvernement ; si à ce point de vue il n'y a pas d'objection, il devient l'agent du département, et exécute les décisions du conseil général.

— C'est donc le conseil général qui est le maître ? demanda Gaston.

— A peu près, il me semble, dit M. Lefèvre.

— Oui, pour les matières purement départementales, et son influence est grande sur d'autres, car le gouvernement le consulte parfois sur des affaires qui regardent l'État entier. Le département est intéressé pour sa part dans ces affaires.

— Quelles sont les matières purement départementales ? demanda Jean.

— Ce sont surtout les propriétés départementales et les finances ou le budget départemental, répondit M. Laurentin ; nous les retrouverons en causant du conseil général ; nous aurons même à en parler plus d'une fois.

« Voici en attendant quelques dispositions qui vous mon·

treront le préfet agissant dans l'intérêt du département :

« Le préfet accepte ou refuse les dons et legs faits au département, en vertu, soit de la décision du conseil général, quand il n'y a pas de réclamations des familles[1], soit de la décision du gouvernement, quand il y a réclamation.

« Le préfet peut toujours, à titre conservatoire[2], accepter les dons et legs. La décision du conseil général ou du gouvernement, qui intervient ensuite, a effet du jour de cette acceptation.

« Le préfet intente les actions[3] en vertu de la décision du conseil général, et il peut, sur l'avis conforme de la commission départementale, défendre à toute action intentée contre le département.

« Il fait tous les actes conservatoires et interruptifs de déchéance[4].

1. L'intérêt des familles peut être lésé par ces dons et legs.

2. Le préfet accepte provisoirement, afin d'avoir le droit de veiller à la conservation des biens, objets ou valeurs.

3. Actions veut dire procès. Quand on intente un procès, on est *démandeur*, l'adversaire est *défendeur*.

4. Il y a souvent des délais pour se déclarer, afin que les choses ne restent pas éternellement en suspens. Au lieu de déchéance, on dit dans certains cas « prescription ». On interrompt la prescription en manifestant par des actes appropriés qu'on n'abandonne pas l'objet en litige. On compte le nombre des années à partir du dernier acte de cette nature.

« En cas de litige entre l'État et le département (comme le préfet représente alors l'État), l'action est intentée ou soutenue, au nom du département, par un membre de la commission départementale désigné par elle.

« Le préfet, sur l'avis conforme de la commission départementale, passe les contrats au nom du département.

« Ces indications suffiront aujourd'hui, puisque nous aurons à y revenir en parlant du conseil général ou de la commission départementale.

— Et la 3ᵉ catégorie ? demanda Jean.

— La 3ᵉ catégorie des attributions du préfet, ce serait sa fonction comme tuteur des communes. Cette tutelle a bien peu d'étendue maintenant. Par exemple, le préfet approuve s'il y a lieu, le mode de jouissance en nature des biens communaux, le plan d'alignement des villes, les marchés de gré à gré. Pourquoi cette intervention ? Cela se comprend tout seul. Prenons par exemple l'emploi du produit des biens communaux. Si, au lieu de verser dans la caisse municipale le produit de la vente de ces produits, on les divise en nature entre les habitants, il est à craindre que l'intérêt commun n'ait pas été suffisamment sauvegardé ; il y a trop de gens qui veulent jouir tout de suite. — Autre exemples : si le plan d'alignement doit être soumis au préfet, c'est pour éviter qu'on favorise les uns ou les autres parmi les habitants ; c'est aussi dans l'intérêt de l'avenir, pour que le plan soit examiné avec plus d'attention, car on ne modifie pas aisément l'alignement d'une ville.

« Enfin, concernant les marchés passés de gré à gré, il faut rappeler qu'en principe, tous les marchés des communes comme ceux de l'État et des départements (des hospices, etc.) doivent se faire par adjudication publique ; celui qui offre au plus bas prix la chose à fournir ou le travail à faire, a la préférence. Les adjudications publiques ont plusieurs avantages....

— Elles garantissent l'honnêteté des fonctionnaires, dit M. Martin.

— Le fonctionnaire ne doit même pas être soupçonné, ajoute M. Lefèvre.

— Elles ménagent aussi les finances, car on obtient la fourniture au plus bas prix possible. Seulement, tantôt une fourniture est trop petite pour que des entrepreneurs ou fabricants veuillent se donner la peine de concourir, tantôt elle est trop pressée pour qu'on ait le temps de préparer une adjudication ; tantôt il y a d'autres empêchements, et le marché de gré à gré devient nécessaire ; alors, l'obligation de le soumettre au préfet protège les intérêts de la caisse municipale.

« Toutefois, continue M. Laurentin, je n'aurais pas fait de ces attributions-là une 3ᵉ catégorie; je les aurais comprises, avec la 4ᵉ, dont je vais dire un mot, dans la 1ʳᵉ catégorie. En effet, je n'aime pas ces classifications compliquées; je ne fais que deux catégories : 1° attributions comme agent du gouvernement; 2° attributions comme agent du département. Ces deux classes suffisent.

— Et la 4ᵉ catégorie, père ? dit Gaston.

— La 4ᵉ catégorie comprendrait les attributions du préfet comme juge. Les auteurs ne citent sur ce point que deux dispositions; voici l'une, elle est de 1806 (décret du 4 juillet) : le préfet prononce définitivement sur les difficultés entre les concurrents pour les courses de chevaux...

— C'est du pur arbitrage cela, dit M. Lefèvre.

— Mettons que ce soit un jugement; mais le préfet a si rarement à se prononcer sur les courses, qu'il n'y a pas lieu de faire de cela une catégorie, même en y ajoutant la disposition du 29 floréal an X, d'après laquelle il statue sur les réclamations contre des arrêtés pris par le sous-préfet pour assurer, par mesure provisoire, la cessation de dommage en matière de contravention de grande voirie; la décision du préfet n'est ici à mes yeux qu'une mesure purement administrative et non un jugement. Le préfet est administrateur; un arbitrage accidentel, qu'il prononce peut-être une fois, dans sa vie, probablement jamais, n'en fait pas un juge, et, comme administrateur, il a ce double caractère de représenter tantôt l'État, tantôt le département, sans que ce double caractère puisse causer un conflit en sa personne. En effet, l'État prime le département. Ce qui nuit à l'État, le département ne doit pas le faire ; le préfet intervient alors pour empêcher; mais, dès que l'État n'est pas intéressé, le préfet est libre de consacrer toutes ses forces au département. »

CHAPITRE VI

LE CONSEIL GÉNÉRAL. — FORMATION DU CONSEIL.

« C'est le tour du conseil général aujourd'hui, dit M. Martin après les préliminaires habituels de toute conversation sérieuse.

— Oh ! je sais déjà beaucoup de choses du conseil général, dit Jean.

— Et moi donc! s'écria Gaston, puisque père est conseiller général.

— Voyons un peu ce que vous savez? dit M. Lefèvre

— Les conseillers généraux sont élus, dit Jean.

— Pour six ans, ajouta Gaston.

— N'allez pas si vite, mes enfants, dit à son tour M. Laurentin : quand on ne sait que ce que personne n'ignore, il n'y a pas trop à se vanter. Il fallait, avant tout, énoncer ce point fondamental que chaque canton élit un membre du conseil général. Nous avons vu que la loi de 1833 limitait à 30 le nombre des conseillers; c'est à partir de 1848 (3 juillet), que chaque canton nomme son représentant. Plus tard, on a eu une autre idée. En 1871, un député aurait voulu attribuer plus d'un conseiller aux cantons très peuplés; mais l'Assemblée nationale n'a pas accueilli cette idée, parce qu'elle était compliquée sans être utile. Il ne s'agit pas des intérêts spéciaux des cantons, mais de l'intérêt collectif du département, quoique tel canton puisse profiter d'une mesure déterminée plus que tel autre. — Maintenant, jeunes gens, puisque vous voulez montrer votre savoir, dites-moi qui est électeur?

— Tout Français, majeur, jouissant de ses droits civils et politiques, fut la réponse.

— Il y a une omission, dit M. Lefèvre, c'est d'être domicilié depuis au moins un an dans le département, ou d'y payer des contributions directes ; en un mot, il faut être inscrit sur la liste municipale.

— Il y a, en effet, deux listes électorales : celle des électeurs dits politiques, sur laquelle on est inscrit après six mois de séjour, et celle des électeurs municipaux, qui doivent habiter la commune depuis au moins un an, afin d'y avoir acquis un peu d'intérêt pour la commune. Nous aurons à reparler de cela quand viendra le tour des élections municipales.

« Aujourd'hui, il suffit de dire que les électeurs inscrits sur la liste municipale choisissent les membres des conseils généraux. On vote dans chaque commune, et l'on réunit les suffrages au chef-lieu du canton, c'est-à-dire que le bureau électoral du chef-lieu fait le recensement de tous les votes en additionnant ensemble les chiffres apportés des diverses communes par les présidents ou membres de leurs bureaux.

— Voilà pour les électeurs, dit M. Lefèvre ; voyons maintenant qui est éligible.

— Tout Français, âgé de 25 ans au moins, s'empressa de dire Jean.

— Mais domicilié dans le département, ou, du moins, y payant des contributions directes, même sans y être domicilié, ajouta Gaston. Il faut y demeurer ou y posséder une propriété.

— Il faut le connaître ou y avoir un intérêt, dit M. Martin.

— Aussi, le nombre des conseillers généraux non domiciliés dans le département ne doit-il pas dépasser le quart du total des membres dont le conseil est composé.

— Et si l'on en avait élu davantage ?

— On tirerait au sort parmi les non domiciliés. Le sort désigne ceux qui doivent être éliminés.

— Il y a ensuite à mentionner les incompatibilités, c'est-à-dire l'interdiction d'exercer en même temps les fonctions de conseiller général et certaines autres fonctions indiquées par la loi.

« Aux incompatibilités on peut rattacher une autre interdiction, s'adressant à certains fonctionnaires, également indiqués par la loi, de briguer les voix des électeurs, soit dans le département entier, soit seulement dans l'arrondissement ou le canton où ils exercent leurs fonctions. M. Laurentiu pourra nous en dire davantage sur ce point.

— Cela n'est pas bien difficile. Règle générale, aucun fonctionnaire, possédant un certain pouvoir, ne peut se faire élire dans la circonscription, dans le département, l'arrondissement ou le canton où il exerce son autorité. Et l'on en comprend la raison, il ne faut pas qu'il éprouve la tentation d'employer son influence en faveur de son élection, il importe même qu'il ne puisse pas être soupçonné de s'en être servi.

« Mais on peut se faire élire ailleurs, et alors la loi distingue entre les fonctionnaires qui sont obligés de donner leur démission, s'ils veulent rester conseillers généraux, parce qu'il y a incompatibilité (contrariété), et ceux qui peuvent cumuler leur place avec les fonctions électives.

« A la première catégorie appartiennent les préfets, sous-préfets, secrétaires généraux ; les procureurs et avocats généraux, les substituts auprès des Cours ; les présidents et juges des tribunaux ; les juges de paix ; les généraux commandant des divisions ou des subdivisions territoriales ; les préfets maritimes, majors généraux de la marine ; les commissaires de l'inscription maritime ; les commissaires et agents de police. Ceux-là ne peuvent pas conserver leur place, s'ils tiennent à être conseillers généraux ; il y a incompatibilité.

« A la deuxième catégorie appartiennent les ingénieurs des ponts et chaussées et des mines, les recteurs d'académie, les inspecteurs des écoles primaires, les ministres des différents cultes, les agents des finances, les directeurs des postes, télégraphes, tabacs; les conservateurs et agents des forêts; les vérificateurs des poids et mesures. Pour ceux-là, il n'y a pas à proprement parler incompatibilité, seulement ils ne peuvent pas se faire élire dans la circonscription où ils exercent leurs pouvoirs.

« On pourrait encore ajouter quelques détails, mais ce que je viens de dire suffira, je pense.

— C'est assez sur ce point, dit M. Lefèvre, mais il en reste d'autres à signaler. »

Les réponses se suivirent rapidement.

« Par exemple, c'est le maire, dans chaque commune, qui dresse la liste électorale.

— C'est le gouvernement qui convoque les électeurs, au moins quinze jours à l'avance.

— Le scrutin ne dure qu'un jour, de 6 heures du matin à 7 heures du soir, et le dépouillement a lieu immédiatement.

— Ici aussi, il y a deux majorités, n'est-ce pas? demanda Jean.

— Parfaitement, répondit son père. Nul n'est élu au premier tour de scrutin, s'il n'a réuni la majorité absolue des suffrages exprimés et en même temps un nombre de suffrages égal au quart de celui des électeurs inscrits; au second tour, auquel il est procédé le dimanche suivant, l'élection a lieu à la majorité relative.

— Et si plusieurs candidats obtiennent juste le même nombre de voix ? demanda Jean.

— C'est le plus âgé qui est préféré, fut la réponse.

— Et si quelqu'un était élu dans deux cantons à la fois ?

— Il serait obligé d'opter pour l'un ou l'autre.

— Il s'agit là de deux cantons du même département, mais si l'on était élu dans deux départements différents ?

— Il faudrait également opter, car nul ne peut appartenir à deux conseils généraux.

— Mais s'il y avait une irrégularité dans l'élection ?

— Comment l'irrégularité pourrait-elle avoir lieu ?

— De différentes manières : par exemple, on aurait ouvert plus tard ou clos avant l'heure le scrutin ; ou on aurait trouvé plus de bulletins dans l'urne qu'il n'y avait de votants, ou le candidat élu n'habiterait pas le département et n'y payerait pas d'impôt.

— Qu'est-ce qu'on ferait ?

— C'est tout simple. Le candidat ou l'électeur déposerait sa plainte, dans les dix jours, au secrétariat du Conseil d'État, en indiquant les preuves ; le Conseil d'État déciderait.

— Vous avez parlé si vite, mes amis, dit M. Laurentin, que vous avez négligé plusieurs points importants.

— Lesquels ? demanda-t-on.

— Vous n'avez pas dit que le conseil se renouvelle par moitié tous les trois ans.

— C'est vrai, dit M. Lefèvre. Lorsque le conseil est élu intégralement, en totalité, c'est le sort qui désigne les cantons dont les représentants doivent sortir au bout de trois ans, et ceux dont les conseillers restent six ans. Les membres de la première série peuvent être réélus.

— Je me demande, dit M. Martin, si un conseil peut être dissous.

— Il le peut, reprit M. Laurentin, par décret motivé; mais le gouvernement ne peut pas prononcer la dissolution de l'ensemble des conseils généraux.

— S'il y a eu élection après dissolution, la première série du nouveau conseil général, je pense, dit M. Lefèvre, ne reste en fonctions que jusqu'au prochain renouvellement partiel, afin de rentrer dans la périodicité commune.

— C'est cela, dit M. Laurentin. La dissolution est un cas exceptionnel, et on ne peut pas créer une périodicité spéciale pour un conseil en faute. Il y a un intérêt d'ordre à ce que les opérations se fassent à des époques déterminées.

4

— Mais en cas de décès ou de démission ? demanda M. Martin.

— L'élection du remplaçant doit avoir lieu dans les trois mois, sauf si le renouvellement légal de la série à laquelle appartient le siège vacant doit avoir lieu avant la prochaine session ordinaire du conseil général. Dans ce cas, l'élection partielle a lieu à la même époque.

— Une chose me plaît dans cette loi, dit M. Lefèvre : le conseiller qui n'assiste pas à une session, sans présenter une excuse reconnue valable par le conseil, est réputé démissionnaire. Celui qui brigue des fonctions doit les remplir. »

Ce fut l'avis de tout le monde.

CHAPITRE VII

DES SESSIONS DES CONSEILS GÉNÉRAUX.

Il est juste de dire à l'honneur des braves citoyens dont nous résumons les conversations, qu'ils n'avaient nullement trouvé arides les détails qui ont dû être donnés dans la soirée précédente. Les jeunes gens n'avaient pas été moins attentifs que leurs parents, car la matière leur paraissait très intéressante. Les choses auxquelles on prend intérêt, ne paraissent jamais arides. On en reparla aujourd'hui, en exprimant le regret que la multiplicité des détails empêchât d'en connaître toujours et surtout d'en peser ou discuter les motifs. On n'en était pas moins convaincu que les motifs existaient, on les acceptait de confiance; mais M. Laurentin promit de passer parfois, pour l'avenir, quelques détails, afin de pouvoir indiquer des motifs, du moins quand ces motifs sont instructifs, ajouta-t-il par prudence, pour ne pas trop s'engager.

Sa bonne volonté fut immédiatement mise à l'épreuve.

« Je lis, dit M. Lefèvre, dans la loi de 1871, que vous avez déposée là sur la table : « Les conseils généraux ont chaque année deux sessions ordinaires. » Pourquoi deux ?

— Parce qu'il n'y en avait qu'*une* autrefois, et qu'on avait trouvé que ce n'était pas assez pour faire une bonne besogne. Ordinaires veut dire ici *obligatoires*.

— Je continue, dit M. Lefèvre : « La session dans laquelle sont délibérés le budget et les comptes commence de plein droit le premier lundi qui suit le 15 août, et ne pourra être retardée que par une loi. » On voit bien ici que la session est obligatoire, mais pourquoi ces dates, et cet air solennel ?

— Chaque mot ici, a sa raison d'être, dit M. Laurentin. Cette session a lieu en août, parce qu'elle ne peut avoir lieu qu'après le vote du budget. En effet les Chambres, après avoir déterminé le montant total de l'impôt direct, le répartissent entre les départements ; le conseil général doit répartir ensuite le contingent du département entre les arrondissements. Si les Chambres n'avaient pas fini leur besogne budgétaire en temps utile, elles voteraient une loi pour retarder la réunion des conseils généraux ; mais, en dehors de ce cas, la réunion *doit* avoir lieu. Et pour qu'il n'y ait pas de négligence de la part des conseils généraux, et pas de mauvaise volonté de la part du gouvernement, la loi fixe elle-même le jour, après avoir bien calculé l'époque la plus convenable. La date une fois connue, les uns et les autres, le législateur pour le vote du budget, le préfet pour les travaux préparatoires, les conseillers généraux pour leurs affaires particulières, peuvent prendre leurs mesures à temps et être prêts.

— Maintenant, reprend M. Lefèvre, je comprends pourquoi « l'ouverture de l'autre session a lieu au jour fixé par le conseil général dans la session du mois d'août précédent ». Il ne reste plus à faire une chose aussi urgente que la répartition de l'impôt, on peut tenir compte des convenances du département....

— Mais si on oubliait de fixer la date ? demanda M. Martin.

— La réponse est dans la loi, répond M. Lefèvre ; dans ce cas, « le jour sera fixé et la convocation sera faite par la commission départementale, qui en donnera avis au préfet. » — En fait, elle a lieu dans les environs de Pâques.

— Je voudrais bien savoir, dit M. Martin, qui avait porté les yeux sur la loi, pourquoi « la durée de la session d'août ne pourra excéder un mois », et pourquoi « celle de l'autre session ordinaire ne pourra excéder quinze jours? »

— La loi, répondit M. Laurentin, cherche à prévenir les abus. Elle limite la durée de la session, d'une part, pour qu'on n'ajourne pas indéfiniment la besogne au détriment du service public, et de l'autre, pour qu'en des temps révolutionnaires, un conseil général n'ait pas la tentation de se poser en assemblée souveraine. Du reste, le temps accordé est généralement plus que suffisant.

— Et s'il ne suffisait pas ?

— Les conseils généraux peuvent être réunis extraordinairement, d'abord, comme autrefois, par décret du gouvercement, de plus, sur l'initiative du conseil général. Si les deux tiers des membres adressent une demande par écrit au président, celui-ci en donne avis au préfet, qui convoque d'urgence. Mais la durée des sessions extraordinaires ne peut excéder huit jours, car la principale besogne de l'année a été faite à d'autres moments.

— Je voudrais bien assister à une séance du conseil général, dit M. Martin.

— La loi vous le permet, dit M. Laurentin, car les séances sont publiques, bien que, sur la demande de cinq membres, le conseil puisse se former en comité secret. Du reste, l'ordre extérieur des assemblées départementales est le même que celui de toutes les réunions analogues. A l'ouverture de la session d'août, le plus âgé préside, le plus jeune membre tient la plume jusqu'à ce qu'on ait élu, au scrutin secret, les président, vice-président et secrétaires, dont les fonctions durent toute l'année. Le conseil fait ensuite son règlement intérieur, ou adopte celui de l'année précédente. Le président a la police de l'assemblée, il peut faire expulser de l'auditoire ou arrêter tout individu qui a troublé l'ordre. Le conseil ne peut délibérer que si la moitié plus un des membres est présent.

— Et s'il ne venait que la moitié moins un ? demanda Jean.

— On ne pourrait pas délibérer valablement, fut la réponse. On comprend qu'une minorité ne peut pas prendre une décision qui lie la majorité.

— Du reste, dit Gaston, tout ce qui se dit et se passe au conseil est consigné au procès-verbal.

— A propos du procès-verbal, dit M. Lefèvre, je lis dans la loi : « Les conseils généraux devront établir jour par jour un compte rendu sommaire et officiel de leurs séances, qui sera tenu à la disposition de tous les journaux du département dans les quarante-huit heures qui suivront les séances. » — C'est sans doute pour que les électeurs puissent contrôler les travaux de leurs mandataires. — Mais je continue : « Les journaux ne pourront apprécier une discussion du conseil général sans reproduire, en même temps, la portion du compte rendu afférente à cette discussion. » Pourquoi cette reproduction ?

— Il me semble, dit M. Laurentin, que cela se comprend aisément. Si l'on ne reproduit que les arguments de l'un, en taisant ceux des autres, on confère une fausse idée au lecteur. Il en serait de même si l'on ne donnait qu'un morceau de discours, où naturellement on choisirait les arguments les plus faibles pour les réfuter. On a tant abusé de ce procédé de polémique peu conforme à la justice, que le législateur a dû intervenir. Pendant un moment, il était assez décidé à interdire tout compte rendu, mais c'était dépasser le but ; il en est revenu, il a permis de tout discuter, à la condition de faire connaître exactement l'opinion qu'on combat.

« Ainsi donc, on peut connaître les délibérations du conseil en assistant aux séances, ou en lisant les comptes rendus publiés par les journaux....

— Ou aussi en prenant copie des procès-verbaux.... On peut les publier, m'a-t-on dit, fait observer M. Martin.

— C'est exact, répond M. Laurentin. Le public possède donc tous les moyens désirables d'exercer son contrôle : mais le gouvernement aussi est armé pour contenir le conseil général, s'il voulait sortir du cercle de ses attributions. Nous savons que l'administration est un mécanisme aussi compliqué qu'ingénieux et que tout n'y marche à souhait, que si chaque rouage ou chaque organe accomplit la tâche que la loi lui a assignée, ni plus, ni moins. Ce qui sort de la règle doit y rentrer, il faut que toujours la loi domine. »

— Et quelles sont les armes du gouvernement ? demanda M. Lefèvre.

— Je vais vous le dire, répondit M. Laurentin. D'abord :

« Tout acte et toute délibération d'un conseil général relatifs à des objets qui ne sont pas compris dans ses attributions sont nuls et de nul effet. La nullité est prononcée par un décret rendu dans la forme des règlements d'administration publique. » C'est la loi qui dit cela, et depuis 1833 elle est toujours restée du même avis.

— Père, explique-nous d'abord ce qu'on entend par la « forme des règlements d'administration publique, » démanda Gaston.

— Cela veut dire qu'on consulte le Conseil d'État qui délibère en assemblée générale. — Je continue :

« Toute délibération prise hors des réunions du conseil général, prévues ou autorisées par la loi, est nulle et de nul effet.

« Ainsi : 1° le conseil ne doit délibérer que sur les objets qui sont dans ses attributions, et 2° ne doit se réunir qu'aux époques prévues, ou après avoir été régulièrement convoqué par qui de droit. Mais s'il s'était néanmoins réuni... écoutez ce que dit la loi :

« Le préfet, par un arrêté motivé, déclare la réunion illégale, prononce la nullité des actes, prend toutes les mesures nécessaires pour que l'assemblée se sépare immédiatement, et transmet son arrêté au procureur général du ressort, pour l'exécution des lois, et l'application, s'il y a lieu, des peines déterminées par l'article 258 du Code pénal. En cas de condamnation, les membres condamnés sont déclarés par le jugement exclus du conseil et inéligiblés pendant les trois années qui suivent la condamnation. »

— Que dit l'article 258 ? demanda M. Martin.

— Il édicte une peine, une forte peine même, contre ceux qui se sont immiscés dans des fonctions publiques, ou qui auront fait des actes réservés à ces fonctions.

— Avec cela, ajoute M. Lefèvre, le gouvernement possède le droit de dissolution. On a donné beaucoup de pouvoirs aux conseils, il faut qu'ils n'en abusent pas. Du reste, je pense que l'abus doit être très rare. »

CHAPITRE VIII

ATTRIBUTIONS DU CONSEIL GÉNÉRAL.

« Nous avons vu hier que le conseil général ne peut délibérer que sur les objets qui sont compris dans ses attributions, dit M. Martin. Ces objets doivent donc avoir été clairement désignés ; les trouve-t-on dans la loi de 1871 ?

— Certainement, répondit M. Laurentin ; mais, pour les fixer plus sûrement dans la mémoire, il faut commencer par les classer, afin d'y en avoir une vue d'ensemble, quitte à revenir sur les points qui ont besoin d'être développés. En matières administratives, les détails sont très importants.

— Eh bien, cher voisin, donnez-nous d'abord cette vue d'ensemble, dit M. Lefèvre.

— Nous allons donc faire comme pour les attributions du préfet, nous allons classer par catégories les attributions du conseil général. On peut en faire cinq, et même six, et les indiquer ainsi :

1° Le conseil exerce une délégation ;

2° Le conseil statue (décide) ;

3° Le conseil délibère ;

4° Le conseil donne un avis ;

5° Le conseil exprime des vœux.

« Le conseil vote le budget et reçoit les comptes ; puisque la loi met le budget à part, — à cause de son importance et de sa nature mixte, — faisons-en une 6° catégorie :

« Nous allons passer en revue ces six catégories ; commençons par la première.

— La délégation, nous la connaissons, dit M. Lefèvre.

La loi charge le conseil général de répartir par arrondissement, dans sa session d'août, les contributions directes votées par les Chambres et qu'elles ont réparties par départements.

— Il y a une seconde délégation : « Chaque année, dans sa session d'août, le conseil général, par un travail d'ensemble comprenant toutes les communes du département, procède à la révision des sections électorales et en dresse le tableau. » Voici ce que cela veut dire : en général, le conseil municipal doit être élu au scrutin de liste, c'est-à-dire que chaque électeur met sur son bulletin les noms des 10, 15 ou 20 personnes à choisir. Mais il y a des communes où il faudrait mettre 30, 40 noms, à Paris même 80, ce qui devient impossible. En pareil cas, il est permis de diviser la commune en sections, chaque section partie) devant nommer un nombre de conseillers proportionnel au chiffre de la population de la section. Cette répartition en sections est un travail assez délicat, qui exige de l'intelligence et de l'honnêteté; la loi l'a confiée au conseil général, en lui prescrivant seulement qu'en dehors de Paris, chaque section n'ait pas moins de deux conseillers à élire.

« Il ne faut pas confondre les sections *électorales,* qui ne peuvent être formées que par une loi, — ou par un corps qui agit en vertu d'une délégation expresse, — avec les sections *de vote*. Les sections de vote sont organisées pour la commodité des électeurs, pour le bon ordre ou la rapidité de l'opération. On n'écrit sur son bulletin ni plus, ni moins de noms : il n'y aurait qu'un seul nom à inscrire qu'on aurait besoin de sections de vote, pour n'avoir pas à porter son bulletin trop loin ou dans une salle trop encombrée.

— Il y a pas d'autre délégation de la loi ?

— Pas au conseil entier ; mais souvent le conseiller général figure parmi les membres de droit de telle ou telle commission. Dans ce cas, c'est souvent uniquement parce qu'on cherche un homme distingué, honoré de la confiance de ses concitoyens. — Attention ! le conseil peut lui-même déléguer dé ses pouvoirs, soit à la commission départementale, soit à de simples membres, mais nous ne parlons pas de ce que le conseil délègue, mais de ce que le législateur a délégué.

— Voyons maintenant la 2e categorie, dit M. Martin.

— Dans cette 2e catégorie je range tous les objets sur lesquels le conseil *statue (définitivement)*. Il règle, il décide, sans avoir besoin d'approbation. Dans cette catégorie entrent la plupart des affaires départementales. L'article 46 de la loi de 1871 (10 août), que j'ai entre les mains, énumère 26 objets que je vais grouper et dont nous pourrons relever une autre fois les détails. Je me bornerai donc à dire qu'il s'agit partout des propriétés départementales, des routes et chemins, des procès des départements, des aliénés et enfants trouvés, de certaines affaires communales qui intéressent les communes voisines, comme l'établissement des foires et marchés.

« Toutefois, même lorsque les conseils généraux statuent définitivement, ils ne sont pas souverains. Tout le monde a besoin de contrôle, ils surveillent les préfets qui les surveillent à leur tour. Suivons une affaire qui vient d'être votée par le conseil général. Si, dans les 20 jours à partir de la clôture de la session, le préfet n'en a pas demandé l'annulation « pour excès de pouvoir, ou pour violation d'une disposition de la loi ou d'un règlement d'administration publique, » la décision du conseil est définitive.

« Mais supposons que le préfet demande l'annulation ; cette demande doit être notifiée au président du conseil général et au président de la commission départementale. Or le gouvernement peut ne pas partager la manière de voir du préfet ; alors, si, dans le délai de deux mois à partir de la notification, l'annulation n'a pas été prononcée, la délibération est exécutoire. L'annulation ne peut avoir lieu que par un décret délibéré en Conseil d'État. On fixe ce délai pour ne pas éterniser les affaires.

— Nous voici à la 3ᵉ catégorie ?

— Oui, nous arrivons à la 3ᵉ catégorie : le conseil délibère... cela veut dire que les décisions ont besoin d'être expressément approuvées. Aussitôt approuvées, elles peuvent être exécutées. Mais si le gouvernement n'approuve pas ? Il arrive alors de deux choses l'une : 1° il se tait, s'abstient ; dans ce cas, au bout de trois mois de silence, le gouvernement est censé approuver tacitement et la décision est exécutoire ; 2° il agit, il procède à l'annulation ; dans ce cas un décret motivé suffit, il n'est pas nécessaire de recourir au Conseil d'État. La nouvelle législation empêche donc que la négligence des fonctionnaires ou leur indécision nuise au département.

— Quels sont les objets compris dans la 3ᵉ catégorie ? demanda-t-on.

— Je les résume : délibérations sur des propriétés départementales affectées à un service public de l'État; sur la part contributive à imposer au département dans les travaux exécutés par l'État et qui intéressent le département; sur les demandes des conseils municipaux, relatives à certaines questions d'octroi; enfin, sur tous les autres objets au sujet desquels il est appelé à délibérer par les lois et règlements que le législateur pourrait avoir omis d'énumérer, par oubli ; et généralement *sur tous les objets d'intérêt départemental* dont il est saisi, soit par une proposition du président, soit par l'initiative d'un de ses membres.

— C'est tout ce qu'on peut désirer, dit M. Lefèvre.

— Je comprends que le gouvernement ait conservé le droit d'annulation, ajouta M. Martin.

— Et la 4ᵉ catégorie? demanda Gaston.

— J'y arrive. Le conseil général donne son avis : sur les changements proposés aux limites des départements, arrondissements, cantons et communes; sur la soumission des bois des communes au régime forestier et sur la conversion en bois de terrains en pâturages ; sur les délibérations des conseils municipaux relatives aux bois communaux, « et généralement sur tous les objets sur lesquels il est appelé à donner son avis en vertu des lois et règlements ou sur lesquels il est consulté par les ministres. »

« Vous le voyez, il y a des cas où le gouvernement est obligé de demander l'avis du conseil général, et d'autres où il le fait s'il le juge utile. Il use souvent de cette faculté.

— Est-il tenu de suivre l'avis du conseil ? demanda M. Lefèvre.

— Non, fut la réponse. L'avis est destiné à éclairer le gouvernement, mais ne saurait rien prescrire. Aussi peut-il accepter une partie de l'avis et laisser le reste, tandis qu'une *délibération* ne peut être scindée ; le gouvernement approuve tout, ou rejette tout.

— La 5ᵉ catégorie d'attributions se rapporte, je crois, aux vœux que le conseil peut exprimer, dit M. Martin.

— Le conseil peut émettre des vœux ou adresser des réclamations au ministre de l'intérieur. Les vœux peuvent être émis sur des questions économiques ou administratives, mais non sur des questions politiques. C'est que chacun doit rester dans sa sphère, et celle du conseil général est l'administration. Les vœux politiques ont toujours été annulés.

— Mais, demanda M. Lefèvre, est-ce que les vœux rendent des services ?

— Je pense que oui, dit M. Laurentin ; le gouvernement est très attentif à ces vœux, les journaux s'empressent de les publier ; de plus, le préfet soumet chaque année, au conseil général, le tableau des vœux de l'année précédente et rend compte des suites qui leur ont été données. Le conseil général est un corps trop important et trop considéré pour qu'on n'ait pas égard à ses vœux. Si ces vœux dépassent les limites fixées par les lois, ils constituent une transgression, et celle-ci doit d'autant plus être réprimée que le corps dont il émane est plus considérable.

— Nous aurions maintenant à parler du budget, dit M. Martin, mais je pense qu'il se fait tard.

— En effet, répond M. Laurentin, nous aurions encore à mentionner le budget parmi les attributions du conseil général; mais la loi, non sans raison, l'a traité séparément. Suivons cet exemple. A demain. »

CHAPITRE IX

LE BUDGET DÉPARTEMENTAL.

« Il me semble, dit le lendemain M. Lefèvre, que le budget du département devrait figurer parmi les matières que les conseils généraux décident souverainement.

— Leur pouvoir est en effet très grand sur le budget, répondit M. Laurentin; cependant un département est une partie si importante de la France que, dans une certaine mesure, le gouvernement doit avoir, comme on dit, voix au chapitre. Au fond, la loi ayant établi des principes, si le conseil les suit exactement, le gouvernement ne fait qu'approuver le budget, il remplit une simple formalité; si, au contraire, le conseil en dévie, le gouvernement l'oblige d'y rentrer.

— Comment est-il fait, le budget? demanda Jean.

— Oh! je le sais, moi, dit Gaston. Il est imprimé, je l'ai vu. Il se divise en budget ordinaire et budget extraordinaire, et chaque budget se compose de recettes et de dépenses. Il y a une longue liste de recettes et de dépenses.

— La sais-tu, cette liste? dit Jean.

— C'est trop difficile à retenir, répondit Gaston.

— Tâchons donc de la résumer, dit son père. Les recettes ordinaires consistent en centimes additionnels....

— Cela veut dire?

— Que, par chaque franc payé à l'État, on donne un nombre déterminé de centimes au département ou aussi à la commune.

— Combien de centimes?

— Cela dépend des besoins. Ce qui est intéressant à retenir c'est ceci : Chaque citoyen doit être imposé selon ses facultés; il faut donc que la faculté, les moyens de chaque contribuable soient recherchés, établis et indiqués par un tableau ou une liste qu'on appelle matrice des rôles d'imposition. Ce sont les agents de l'État qui font ce travail. On possède donc, pour chaque contribuable, une évaluation, une base, pour asseoir son impôt; cette base, c'est *le principal* de la contribution. La liste une fois établie, elle sert à l'État, au département, à la commune, qui ajoutent, au principal, des centimes additionnels, selon les exigences du service. Les Chambres fixent le nombre des centimes pour l'État, mais elles arrêtent en même temps une limite que les département ne peuvent dépasser.

« Les centimes additionnels départementaux sont distingués selon leur emploi : les centimes *ordinaires* servent à défrayer les dépenses courantes ; les centimes *spéciaux* ne peuvent être employés, les uns qu'à l'instruction publique, les autres que pour les chemins vicinaux. Il y a souvent aussi des centimes pour le cadastre.

« Ce sont les centimes additionnels qui constituent le revenu principal des départements ; il y a en outre le produit des propriétés départementales, une subvention de l'État, et des sommes payées par l'État et les communes pour leur part dans certaines dépenses des départements.

— Quel est le maximum des centimes *ordinaires ?* demanda M. Lefèvre.

— Actuellement (loi du 30 juillet 1879), il est de 25 sur les contributions foncière et mobilière, plus 1 centime sur l'ensemble des quatre contributions directes. Les départements peuvent en voter moins, mais pas davantage.

— Et quel est le nombre des centimes *spéciaux?* s'informa M. Martin.

— Il est de 4 sur les quatre contributions directes pour l'instruction primaire, et de 7 pour les chemins vicinaux (loi de 1879); pour le cadastre, il est de 5 centimes, mais sur la contribution foncière seulement. »

Les jeunes gens savaient qu'on compte quatre contributions directes : foncière, personnelle-mobilière, portes et fenêtres, patentes, et ils auraient bien voulu avoir quelques détails sur chacune d'elles, ainsi que sur le cadastre : mais ils comprirent que ce ne serait pas le moment. On se réserva d'y revenir, Gaston se borna à demander :

« Pourquoi limite-t-on le nombre des centimes ?

— C'est bien un peu, dit son père, dans l'intérêt des départements, pour les empêcher de trop dépenser, mais c'est surtout dans l'intérêt de l'État, pour que les contribuables ne soient pas trop surchargés et qu'ils puissent lui payer leurs impôts généraux.

— Et qu'est-ce que le fonds de subvention ? demanda M. Martin.

— C'est une somme de 4 millions que l'État distribue pour venir en aide aux départements les moins riches. C'est la loi qui répartit la somme.

— Nous connaissons maintenant les recettes ordinaires, dit M. Lefèvre ; voyons en quoi consistent les recettes du budget extraordinaire.

— Ce sont encore des centimes additionnels, dit M. Laurentin. On les appelle extraordinaires, parce qu'ils ne doivent pas être consacrés aux besoins ordinaires du département. Le nombre des centimes que le conseil peut voter sans autorisation spéciale est actuellement de 20 (autrefois 12). Si ce nombre ne suffisait pas, le conseil pourrait être autorisé — par une loi — à dépasser cette limite.

« La seconde ressource extraordinaire des départements serait de contracter un emprunt. Si l'emprunt n'est pas trop élevé, aucune autorisation n'est exigée ; s'il faut plus de quinze années pour opérer le remboursement, une loi est nécessaire.

« La troisième ressource est le produit de biens aliénés (vendus).

« La quatrième comprend les dons et legs et les autres recettes accidentelles.

— La question des emprunts m'intéresse, dit M. Lefèvre. Prenons un département, supposons qu'il paye à l'État en principal (sans compter les centimes addition-nels), 1 million d'impôt foncier, 2 millions d'impôt personnel et mobilier, 500,000 fr. d'impôt des portes et fenêtres, 1,200,000 fr. de patentes ; calculons d'abord ce que vaudrait chaque centime.

— Je vais le dire, s'écria Jean. Chaque centime ferait :

Pour l'impôt foncier......................	10,000 fr.
— l'impôt personnel-mobilier..........	20,000
— l'impôt des portes et fenêtres........	5,000
— l'impôt des patentes...............	12,000
Ensemble............	47,000 fr.

— C'est très facile, fit remarquer Gaston, 1 centime par franc, cela fait 1 fr. par 100 fr., ou 10,000 fr. pour un million.

— Voilà donc un département qui, pour chaque centime sur les quatre contributions qu'il vote, reçoit dans sa caisse 47,000 fr.; s'il vote 10 centimes, cela lui fait 470,000 francs ; s'il vote 20 centimes, il se procure 940,000 fr. S'il emploie ses 20 centimes extraordinaires à payer les intérêts et le remboursement d'un emprunt, il peut se procurer une grosse somme sans avoir besoin de loi. Combien peut-il emprunter, Gaston ? »

Gaston promet de le calculer. Voici le problème : Combien peut-on emprunter si l'on a 940,000 fr. pendant 15 années pour rembourser la dette et qu'on paye 5 0/0 d'intérêt ?

« Gaston vous dira cela un autre jour, reprit M. Laurentin ; constatons seulement que beaucoup de départements ne disposent que de sommes moindres.

— Passons aux dépenses, dit M. Martin, et distinguons les dépenses ordinaires des dépenses extraordinaires.

— Les dépenses ordinaires sont divisées par la loi en six classes ; je vais vous lire la loi (art. 60), j'ai des raisons pour cela, ajoute M. Laurentin.

« 1º Loyer, mobilier et entretien des hôtels de préfecture et de sous-préfecture, du local nécessaire à la réunion du conseil départemental d'instruction publique et du bureau de l'inspecteur d'académie ;

« 2º Casernement ordinaire des brigades de gendarmerie ;

« 3º Loyer, entretien et menues dépenses des cours d'assises, tribunaux civils et tribunaux de commerce et menues dépenses des justices de paix ;

« 4º Frais d'impression et de publication des listes pour les élections consulaires (tribunaux de commerce), frais d'impression des cadres pour la formation des listes électorales et des listes du jury ;

« 5° Dépenses ordinaires d'utilité départementale ;

« 6° Dépenses imputées sur les centimes spéciaux.....

« Et voici pourquoi je vous ai fait cette énumération : les quatre premières dépenses étaient autrefois réunies sous le nom de dépenses obligatoires ; le n° 5 s'appelait dépenses facultatives ; le n° 6, dépenses spéciales. Si un département omettait d'inscrire ces quatre premières dépenses dans son budget, ou aussi le payement d'une dette exigible (dont les délais sont fixés), on imposerait au département le nombre des centimes nécessaires pour couvrir ces dépenses ; si, à cet effet, il n'est pas nécessaire de dépasser le maximum des 20 centimes, un décret suffit ; s'il faut aller au delà, une loi intervient.

« Les dépenses qu'on appelait facultatives, mais que la loi nomme maintenant *d'utilité départementale* et qui sont du reste assez nombreuses, sont votées souverainement par le conseil général ; il peut supprimer certaines de ces dépenses, sans qu'on puisse les imposer d'office. On a cependant bien fait d'abandonner le mot *facultatif*, car il est des dépenses nombreuses que la loi n'oblige pas de faire, mais qui sont tellement nécessaires, utiles ou convenables, qu'on ne peut pas s'y refuser.

« Quant aux dépenses spéciales, elles sont couvertes par les centimes spéciaux ; en d'autres termes, les centimes

pour les chemins vicinaux doivent être employés exclusi-
vement pour la construction ou l'entretien de ces chemins ;
les centimes pour l'instruction primaire doivent être consacrés aux écoles. Toutefois, si, après avoir bien pourvu
ces services publics il y avait un excédant, le conseil pourrait l'employer pour d'autres dépenses ordinaires du département.

— Et les dépenses extraordinaires, en quoi consistent-
elles ?

— Généralement en bâtiments, en routes, en toute dépense non annuelle ou qui ne revient pas périodiquement.
Ces dépenses sont acquittées sur le fonds des recettes extraordinaires.

— Prenons maintenant une vue d'ensemble du budget,
dit M. Lefèvre ; j'ai là justement devant moi la loi du
10 août. Le budget est préparé par le préfet, qui connaît
le mieux les exigences du service, et remis, dix jours avant
la session du mois d'août, avec toutes les pièces à l'appui
(les preuves), à la commission départementale qui reçoit
en même temps le compte de l'année précédente. Le conseil
général l'examine et, si aucune objection n'est soulevée,
le compte est réglé (approuvé) par décret. S'il y avait
des objections, le président du conseil général les adres-
serait directement au ministre de l'intérieur. Le budget

est discuté au sein du conseil, qui a toute liberté dans les limites tracées par les lois ; il peut voter des centimes, contracter des emprunts, décider des dépenses. Ses décisions sont contrôlées, mais le gouvernement ne peut rien changer à celles qui n'ont pas enfreint la loi. N'ai-je rien omis ?

— Rien d'essentiel, sauf à répéter ce qui a déjà été dit. Mais, ajoute M. Laurentin, il n'est pas sans utilité de faire remarquer que les centimes départementaux sont perçus par les percepteurs de l'État et naturellement centralisés par le trésorier-payeur général. C'est par son intermédiaire aussi que se font les dépenses. Chaque fois que le conseil a voté une dépense, il a, comme on dit, ouvert un crédit au préfet (il a mis une somme d'argent à sa disposition). Le préfet, pour dépenser, donne un mandat de payement (il mandate), ou il ordonne de payer (ordonnancement). Le mandat est délivré (remis) au créancier (fournisseur, etc.) qui le porte à la caisse. Le mandat indique le crédit sur lequel la dépense est imputable. Si le crédit est épuisé (si l'argent voté est dépensé), le comptable refuse de payer le mandat, lors même qu'il aurait en caisse des fonds appartenant au département. Il serait responsable s'il dépassait la limite d'un crédit.

— Faut-il comprendre cela ainsi : le conseil a voté et

le décret a réglé, déclaré exécutoire une dépense de 100,000 fr. — Les travaux commencent. L'entrepreneur, en justifiant de travaux faits, demande une avance de 25,000 fr. — Il reçoit un mandat et encaisse la somme. Successivement on lui paye ainsi 98,000 fr. Il demande encore 3,000 fr. On lui répondra : nous n'avons plus, cette année, que 2,000 fr., on vous payera le restant l'année prochaine. Mais supposons que l'employé de la préfecture ait mal additionné, qu'il ait trouvé un total de 97,000 fr., il préparerait un mandat de 3,000 fr.; le préfet pourrait le signer de confiance, et l'entrepreneur présenterait ce mandat à la caisse. — Le comptable lui répondrait : il ne reste plus que 2,000 fr., et ne payerait pas.

— C'est parfaitement cela.

— Que fait-on des fonds qui restent en caisse à la fin de l'année ?

— On les reporte à l'année suivante; on dit aussi à l'exercice suivant. »

CHAPITRE X

TRAVAUX PUBLICS, ROUTES ET CHEMINS.

« Parmi les attributions du conseil qui méritent d'être un peu plus approfondies, fit observer M. Laurentin, les travaux publics, routes et chemins, doivent être nommés en premier. Sur ce point, on n'a pas craint d'abandonner aux conseils des pouvoirs assez étendus.

— Et qu'est-ce qu'on pouvait craindre ? demanda Jean.

— Un emploi irréfléchi des fonds, qui pouvait nuire au département et même à l'État, répondit M. Laurentin.

— On en est revenu de cette méfiance, dit M. Lefèvre. Peut-être aussi trouve-t-on que l'éducation administrative du pays est assez avancée maintenant.

— C'est probable ; il est un point, en effet, qu'on ne doit pas oublier, c'est qu'il se fait plus de mal par ignorance que par méchanceté, déclara M. Laurentin.

— Voyons maintenant les travaux, dit M. Martin.

— Il y a d'abord les édifices départementaux, travaux d'entretien ou de construction. Le Préfet fait faire les plans et les devis, le conseil s'entoure de renseignemets, délibère et prend une décision. Autrefois (loi de 1838), si la dépense était de moins de 50,000 fr., le préfet; si elle était de plus de 50,000 fr., le ministre, approuvait, ou refusait l'approbation, sur l'avis du conseil des bâtiments civils. Maintenant, quelle que soit la somme, il n'y a plus d'approbation à demander, le conseil statue.

— Mais, dit M. Lefèvre, il faut, pour les travaux, qu'il y ait adjudication publique.

— Oh ! je me le rappelle, dit Jean ; la préfecture fixe un prix maximum, et celui qui offre le rabais ou la diminution la plus forte a la préférence.

— Je connais cela, ajoute M. Martin. Chacun apporte son pli cacheté. Les plis sont ouverts en séance publique. De cette manière, le travail est fait au plus bas prix possible, et aucun entrepreneur n'est indûment favorisé.

— Est-ce que cette loi s'applique aussi aux routes ? demanda Gaston.

— Certainement, dit son père, elle s'applique à tous les travaux publics. Ce n'est là, du reste, qu'un détail. Le conseil général a bien d'autres pouvoirs sur les routes. Mais pas sur toutes, car les grandes routes, les routes nationales, sont dans les attributions du ministre des travaux publics; ce sont les moyennes routes, dites départementales, sur lesquelles s'étend la compétence du conseil général. La loi de 1838 le charge de délibérer sur le classement et la direction de ces routes, mais exige que la décision soit approuvée par décret. La loi de 1868 conférait aux conseils le droit de statuer définitivement sur le classement et la direction des routes départementales qui ne se prolongent pas sur le territoire d'un autre département. Seulement, la plupart des routes sont dans ce cas. Enfin, la loi de 1871 a enlevé cette restriction, de sorte que le conseil général est le maître des chemins situés sur son territoire.

— Mais, fit observer M. Martin, il se pourrait que l'un voulût garder son chemin et l'autre le supprimer ; la route ne continuerait plus, le voyageur serait dans une impasse.

— Les choses ne sont pas aussi graves que cela, dit M. Laurentin. Déclasser une route départementale, dans la pratique, ne veut jamais dire la supprimer, mais la ranger dans une autre classe ; par exemple, en faire un chemin vicinal de grande communication. Ces routes et chemins ne diffèrent que sur le papier et un peu par les règlements ; sur le terrain c'est souvent tout à fait la même chose.

— Je comprends bien, dit Jean, ce qu'est la *direction* des routes, c'est l'indication des localités par lesquelles elles passent ; je sais maintenant aussi ce qu'on entend par *classement* : on élève le chemin au rang ou à la qualité d'une route départementale.

— En effet, dit M. Laurentin. Auparavant, il pouvait être un chemin vicinal, dont nous parlerons encore, ou un chemin rural, un simple sentier, un champ même. Seulement, s'il n'y avait pas eu de chemin là où le conseil veut en établir un, ou s'il n'était pas assez large, il faudrait exproprier des terrains, et l'expropriation pour cause d'utilité publique ne peut se faire sans l'intervention du gouvernement.

— Qu'est-ce que l'expropriation ?

— Quand une maison ou un champ est nécessaire pour établir une construction, un canal, une route, etc., d'intérêt général, et que le propriétaire ne veut pas le vendre à l'amiable, une loi ou un décret (selon le cas) déclare l'utilité publique de l'acquisition ; le tribunal de l'arrondissement, après avoir vérifié si cette déclaration a eu lieu, prononce la dépossession du propriétaire. Mais, avant de s'emparer de l'immeuble, on doit le faire estimer par un jury et payer, argent comptant, la valeur entre les mains du propriétaire.

— Il y a toutes sortes de formalités à remplir en matière de routes, dit M. Lefèvre ; la plus importante est peut-être l'enquête. C'est un procédé par lequel on s'informe publiquement, par voie d'affiche, si quelqu'un a une objection à présenter. Un registre est ouvert dans les mairies ou à la préfecture pour recevoir les déclarations des citoyens : se présente qui veut. L'administration, le conseil général, une commission spéciale apprécient les objections et les rejettent si elles ne sont pas assez importantes.

— Vous avez raison, dit M. Laurentin. Pour tout classement de route, même s'il n'y a pas lieu à expropriation, parce que le chemin est assez large, il faut commencer par une enquête.

— Tout à l'heure, fit observer M. Martin, s'adressant à M. Laurentin, en parlant des routes qu'on déclasse, vous avez mentionné les chemins vicinaux de grande communication. Il y a donc des chemins de plusieurs catégories ?

— Habituellement, on entend par chemin vicinal une petite route allant d'une commune à l'autre, à de petites distances, et que la commune entretient uniquement à ses frais ou aussi avec l'aide du département. Mais certains de ces petits chemins intéressant à la fois plusieurs communes, il est bon que celles-ci associent leurs ressources. Le chemin (de moyenne communication) devient « d'intérêt commun ». Parfois certains de ces chemins servant à un grand mouvement de transport, ils deviennent des chemins de grande communication. Nous en causerons avec

6

plus de détail en parlant de l'organisation municipale.

— Si j'ai bien compris, dit M. Martin, il y a trois sortes de chemins vicinaux : 1° les petits ; 2° les moyens ; 3° les grands.

— Vous avez bien compris. C'est le conseil général qui opère leur classement à tous les trois ; son influence est cependant un peu plus grande sur les deux derniers. Pour chacun des trois, il doit demander l'avis des conseils municipaux intéressés ; mais, pour les grands chemins surtout, le conseil général n'est pas tenu de suivre leur avis. C'est ce conseil qui détermine la somme que chaque commune doit pour contribuer aux voies de grande communication. Les communes acquittent les dépenses mises à leur charge, soit au moyen d'imputations sur leurs revenus, soit à l'aide de travail en nature dit « prestations en nature ». Cependant, personne n'est obligé de travailler réellement de ses mains ; on peut racheter la prestation à un prix (tarif de conversion) fixé par le conseil général. Au reste, lorsque ces ressources sont insuffisantes, le conseil vient en aide aux communes, il dispose pour cela de 27 centimes ordinaires, et il peut voter des centimes extraordinaires. L'État lui-même donne des subventions, mais leur répartition entre les divers chemins est faite par le conseil général.

— Est-ce que vous ne voudrez pas nous dire un mot des chemins de fer d'intérêt local? demanda M. Lefèvre.

— Il n'y a pas à en dire grand'chose en ce moment, répondit M. Laurentin. Les départements ont été autorisés, par une loi de l'année 1865, à créer de petites lignes ferrées dans l'intérieur du département, mais on parle de changer les dispositions de cette loi ; nous en causerons quand la nouvelle loi aura paru.

— Et quels sont les droits des conseils généraux sur les bacs ou passages d'eau? demanda M. Martin.

— Autrefois, tout ce qui concernait les bacs regardait l'État ; le ministre des travaux publics statuait sur la construction et l'entretien des bacs, le ministre des finances sur les tarifs des péages. Cette législation, qui peut entraîner des pertes de temps, a été maintenue pour les routes nationales et les chemins vicinaux de petite communication ; mais, pour les routes départementales et les chemins de grande et moyenne communication, le conseil arrête tout ce qui concerne la construction, l'entretien et le tarif des péages. Le produit des péages est une des ressources éventuelles du département et figure parmi les recettes ordinaires. »

CHAPITRE XI

LE DÉPARTEMENT CONSIDÉRÉ COMME PROPRIÉTAIRE.

Gaston avait été chargé par son père de rédiger les points principaux des matières qui avaient formé le sujet des conversations précédentes ; on avait passé une soirée à les lire, — tout le monde écoutant avec une attention soutenue, — et à la fin de la séance M. Lefèvre avait dit :

« Je crois qu'il serait utile d'étudier le département considéré comme propriétaire.

— Vous avez raison, avait répondu M. Laurentin, nous en causerons demain. »

Aussi, le lendemain, sans attonedre qu'n lui posât des questions, prit-il la parole à peu près en ces termes :

« Lorsqu'on a créé les départements, je crois vous l'avoir dit, on ne voulait faire que des circonscriptions territoriales, des divisions administratives, dont les autorités auraient beaucoup de pouvoirs, mais comme émanation du gouvernement central. On accentuait fortement que la France était *une et indivisible*. On ne songeait donc pas à donner trop d'indépendance au département, à en faire une « personne civile[1] » capable de posséder, mais la chose se fit toute seule, pour ainsi dire, sans qu'on y pensât. La première fois qu'on conféra aux départements un droit de propriété, ce fut en 1811 (décret du 9 avril), où l'on concéda aux départements la pleine propriété des édifices ou bâtiments nationaux occupés par un service public, ainsi que les routes nationales de troisième classe qui devinrent les routes départementales. On ne pouvait craindre que les départements fissent un mauvais usage de quoi que ce fût, à une époque où le gouvernement nommait, outre le préfet, tous les conseils généraux. Depuis lors, l'expérience a parlé ; on a trouvé avantageux d'augmenter les attributions du département, on s'est déchargé sur lui de nombreux soins et de nombreuses dépenses, on l'a laissé accroître ses propriétés, grossir son budget, et si le département est toujours une partie de la France, c'est une partie qui a sa vie propre et ses intérêts particuliers.

« Toutefois, on ne saurait dire que les départements soient devenus riches, car les cadeaux qu'on leur a faits

_____

1. On dit aussi personne collective, personne morale.

sont pour la plupart onéreux; ces préfectures, sous-préfectures, tribunaux imposent des frais d'entretien et quelquefois de reconstruction. Tout n'est pas rose dans cette fonction de propriétaire, elle comporte des soucis et des difficultés, surtout lorsque les édifices sont consacrés à un service public de l'État. Avec le temps, les départements eurent des propriétés d'un autre genre, des propriétés productives de revenus, tout comme un simple citoyen, et pour ces possessions, la loi ne les traitait que comme des particuliers. Elle a même commencé par les traiter en mineurs; d'abord, pour protéger leur jeune liberté, — il fallait bien accorder quelque temps pour l'apprentissage, — ensuite pour ne pas laisser se multiplier la *mainmorte*.....

— Qu'est-ce qu'on appelle mainmorte ?

— J'allais l'expliquer. Ce sont des propriétés qui ne changent pas de main ; c'est toujours l'institution, l'établissement public qui les possède. Il a toujours été de principe, par des raisons que nous examinerons peut-être un jour, qu'il faut plutôt empêcher que favoriser l'accumulation des propriétés entre les mains d'établissements permanents. Aussi fallait-il autrefois des autorisations qui furent supprimées en 1866. Actuellement, pour les propriétés qui ne sont pas destinées à un service public, le département est en tout comme un particulier majeur ; il peut vendre, acheter, échanger, il peut louer par bail, changer de destination. Lorsque le bâtiment est destiné à l'un des services publics suivants : hôtel de préfecture ou de sous-préfecture, cour d'assises, tribunaux, écoles normales, casernement de la gendarmerie, prisons, la décision du conseil général doit être approuvée par le gouvernement. S'il approuve expressément, la décision est définitive ; s'il désapprouve, elle est annulée ; si le gouvernement se tait, au bout de trois mois de silence, la décision du conseil général est considérée comme approuvée. Tant pis pour les négligents.

— Et le préfet ?

— Lorsque le conseil a décidé, c'est le préfet qui agit, nous l'avons déjà constaté. Il est le pouvoir exécutif du département. C'est lui qui passe tous les contrats, qui signe les actes, instruit (étudie, prépare) les affaires.

— N'oublions pas que le département a aussi des procès, dit M. Martin.

— Sans doute, dit M. Laurentin, cela arrive quelquefois. En ce cas aussi le conseil général examine s'il y a lieu de faire un procès. S'il décide le procès, le préfet agit au nom du département. Dans l'intervalle entre les sessions, s'il y a urgence, c'est la commission départementale qui décide.

— Et si le département a un procès avec l'État, ajoute
M. Lefèvre, le préfet ne pouvant pas parler pour les deux
parties, le préfet représente l'État, et un membre de la
commission départementale le département.

— Oh ! je me le rappelle, dit Gaston, nous l'avons lu
l'autre soir dans la loi.

— Il semble, fait remarquer M. Lefèvre, que le département devrait toujours gagner ses procès.

— Et pourquoi cela ? demanda-t-on.

— C'est qu'on ne peut pas lui intenter de procès sans
avoir adressé au préfet un mémoire exposant l'objet et les
motifs de la réclamation. Et comme la présentation de ce
mémoire est de rigueur, le réclamant reçoit un récipissé
pour prouver qu'il a satisfait à la loi. Le préfet, naturellement, communique la réclamation au conseil général et, si
l'affaire est urgente, à la commission départementale. Si
la réclamation est fondée, il est presque certain qu'on y
fera droit, et il n'y aura pas de procès. Le préfet n'est autorisé à plaider que si le conseil ou la commission juge que
l'individu a tort. C'est du moins ainsi que je me présente
les choses.

— C'est tout à fait conforme à la réalité. Il faut seulement ajouter que, si le conseil ou la commission ne pren-
nent aucune décision, le particulier n'est pas désarmé ; au

bout de deux mois il peut intenter l'action, et le département sera condamné par défaut.

« Il convient de rappeler ici que le conseil général accepte ou refuse les dons et legs ; il y a quelquefois lieu de refuser, parce que certains testateurs posent au légataire des conditions onéreuses. Mais le gouvernement n'a à intervenir que dans un seul cas ; qui sait lequel ?

— Moi, s'écria Gaston : lorsqu'il y a des réclamations de la part de la famille.

— C'est cela, dit son père.

— Est-ce que le département ne possède que des immeubles ? demanda M. Martin.

— Il possède aussi des propriétés mobilières, répondit M. Laurentin. Les meubles qui garnissent les préfectures, sous-préfectures, tribunaux, écoles normales, etc., lui appartiennent. Des fonds sont votés pour leur entretien et leur renouvellement ; on en contrôle l'inventaire, on fait des récolements et on tient tout en bon ordre.

« Il y a ensuite les archives, qui renferment les documents précieux et qui sont gardées par un archiviste rétribué sur les fonds du département. Enfin, il ne faut pas oublier les hospices et hôpitaux, les musées et autres institutions, bâtiments et meubles, qui peuvent appartenir au département. »

CHAPITRE XII

INSTRUCTION PUBLIQUE ET BIENFAISANCE.

« Le département, dit M. Laurentin, que nous avons
vu gérer ses biens comme propriétaire, construire et entretenir des routes et chemins, établir et contrôler son
budget, sans parler de ses attributions moins importantes, le département, dis-je, intervient aussi dans l'instruction publique, et dans la bienfaisance ou l'assistance
publique.

— Il me semblait, dit M. Lefèvre, que l'instruction et
l'assistance étaient des attributions plus particulièrement
communales.

— Vous ne vous trompiez pas, répondit M. Laurentin,
mais le département a sa mission. Il vient en aide aux
faibles ; il puise à l'abondance des communes riches pour
combler le déficit des communes pauvres. D'ailleurs, il y
a des choses qui ne peuvent pas être abandonnées aux
communes, dont par conséquent le département doit né-
cessairement se charger.

— Par exemple ?

— Par exemple l'école normale. En effet, chaque commune peut bien avoir son école, mais elle ne peut pas former ses futurs instituteurs. C'est le département qui doit s'en charger (lois de 1850 et d'août 1879). En principe, chaque département doit entretenir une école normale d'instituteurs et une école normale d'institutrices, mais il est permis à deux départements de s'associer pour ce double but. C'est le conseil général qui vote les dépensés sur la proposition du préfet et qui règle tout ce qui concerne la gestion des propriétés départementales occupées par l'école normale ; mais ni le choix des professeurs, ni les méthodes d'enseignement ne sont dans ses attributions.

« Beaucoup de départements ont en outre des bourses pour les lycées, collèges et autres établissements scolaires. C'est le conseil général qui confère les bourses aux gens qui satisfont à toutes les conditions qu'il a prescrites.

— C'est avec le produit des 4 centimes spéciaux qu'on couvre toutes ces dépenses, dit M. Martin.

— Les dépenses d'instruction primaire seulement ; le conseil peut même voter plus que 4 centimes ; ceux qui dépassent ce nombre sont dits « extraordinaires ». Les bourses sont payées soit sur le produit de fondations, dons et legs, soit sur les ressources ordinaires. C'est une dépense facultative.

— Et l'assistance publique?

— Légalement, la dépense est facultative ; du moins je n'ai pas trouvé que le préfet puisse inscrire d'office la dépense au budget départemental ; mais pratiquement elle peut être considérée comme obligatoire. Les conseils le sentent bien, car la dépense est toujours votée. Seulement, il faut bien s'entendre : ce n'est pas l'ensemble de l'assistance publique qui leur incombe, mais seulement les enfants assistés et les aliénés ; encore ne sont-ils pas chargés de la totalité de la dépense.

— Oui, je le sais bien, dit M. Lefèvre, l'assistance publique est avant tout une affaire communale, mais il faut des établissements spéciaux, collectifs (hospices) pour les enfants et pour les aliénés, et de pareils établissements ne peuvent être entretenus que pour un territoire d'une certaine étendue, comme un département.

— Cependant, dit M. Martin, les enfants trouvés ou abandonnés et les orphelins ne restent pas précisément dans l'hospice. Si les enfants sont très petits, on les met en nourrice ; s'ils sont plus grands, à 6 ans, on les met en pension chez des cultivateurs ; à 12 ans, on les met en apprentissage. On ne garde dans l'hospice que les enfants infirmes ou estropiés.

— C'est bien ainsi que les choses se passent, dit M. Laurentin. Mais tout cela coûte de l'argent et des soins, et je puis vous assurer que la solution des difficultés n'est pas toujours aisée. Les départements ne supportent toutefois que les 3/5 de la dépense ; un autre cinquième est à la charge des communes et le reste à celle de l'État.

— Il doit en être à peu près de même des aliénés, dit M. Lefèvre.

— Le devoir est peut-être plus strict encore, dit M. Laurentin. Ces pauvres aliénés, avant la loi de 1838, personne ne s'occupait d'eux ; mais cette loi impose à chaque département l'obligation d'entretenir un établissement destiné à les recevoir, ou au moins de s'entendre avec un établissement public ou privé du même ou d'un autre département. L'entente s'applique au prix moyennant lequel les aliénés seront reçus et soignés. Tout aliéné dangereux, dont la séquestration est ordonnée par l'autorité publique, doit être reçu dans les établissements publics. C'est principalement pour ces malheureux que les asiles publics sont fondés. Les familles riches ou aisées préfèrent faire admettre leurs parents dans un établissement privé dit maison de santé ; mais parfois ils demandent l'ad-

mission dans un asile public. La question de la surveillance de ces maisons publiques ou privées est très grave;
nous ne pouvons l'aborder, il suffit de dire que, lorsque
les parents sont hors d'état de payer une pension, la
charge incombe au département aidé par la commune où
l'aliéné avait son domicile. »

CHAPITRE XIII

LA COMMISSION DÉPARTEMENTALE. — LES INTÉRÊTS COMMUNS A PLUSIEURS DÉPARTEMENTS.

« Nous causerons aujourd'hui, dit M. Laurentin, de la
commission départementale; vous savez qu'elle constitue
la plus importante innovation de la loi du 10 août 1871.

— Oh! je me rappelle bien les discussions de cette
époque, répond M. Lefèvre. Comme toujours lorsqu'on
innove, les uns approuvent les choses nouvelles, les autres
regrettent les choses anciennes.

— Et que disait-on, père ? demanda Jean.

— Les uns disaient que le conseil général se réunit à de longs intervalles et, par conséquent, qu'il ne pouvait contrôler le préfet d'une manière efficace ; ils demandaient une commission plus ou moins permanente, ceux-là ; les autres craignaient que la commission départementale n'eût une tendance à usurper des pouvoirs, ce qui causerait naturellement du désordre dans l'administration.

— L'innovation, dit M. Martin, a été favorablement reçue en somme. On a pensé que, s'il se commettait des abus, il y aurait des autorités pour les réprimer, et qu'on pouvait en tout cas essayer.

— Il est, en administration, des questions assez délicates qu'il faudrait toujours aborder sans passion, sans préjugés, sans idées préconçues. Il ne faut pas oublier surtout, ajoute M. Laurentin, qu'aucune institution ne marche toute seule; il faut que les hommes qui la dirigent sachent la conduire de manière à éviter l'écueil qui est à droite aussi bien que l'écueil qui est à gauche.

— Quels sont ces écueils, père? s'informa Gaston.

— Mettons que l'un s'appelle *Trop-faire* et l'autre *Pas-assez-faire*.

— Nous connaissons déjà un peu l'organisation de la commission départementale, dit M. Lefèvre. Ce sont des membres du conseil général élus par leurs collègues, à la fin de la session d'août, dont les fonctions durent un an et qui peuvent être réélus. Ils sont au nombre de 4 à 7 pour qu'on puisse, autant que possible, représenter chaque arrondissement dans la commission. Une fois constituée, le membre le plus âgé la préside, mais elle élit son secrétaire. Elle siège à la préfecture. La commission ne peut délibérer que si la majorité de ses membres est présente. Les décisions sont prises à la majorité absolue des voix. En cas de partage (s'il y avait quatre ou six votants) la voix du président est prépondérante. Il est tenu procès-verbal des délibérations. Les procès-verbaux font mention du nom des membres présents. »

M. Lefèvre avait pris machinalement le feuillet qui contenait le texte de la loi et s'était mis à lire ce qui précède.

« Puisque j'en ai lu tant, dit-il en souriant, je puis bien en lire davantage ; voici l'art. 73: « La commission départementale se réunit au moins une fois par mois, aux époques et pour le nombre de jours qu'elle détermine elle-même, sans préjudice du droit qui appartient à son président et au préfet de la convoquer extraordinairement. » Tout cela se comprend très facilement ; il en est de même des 2 ou 3 articles suivants : « Art. 74. Tout membre de la commission départementale qui s'absente des séances pendant deux mois consécutifs, sans excuse légitime admise par la commission, est réputé démissionnaire. Il est pourvu à son remplacement à la plus prochaine session du conseil général. » C'est juste : celui qui veut partager l'honneur doit partager la peine. « Art. 75. Les membres de la commission départementale ne reçoivent pas de traitement. »

— Ceux qui ne peuvent pas supporter la dépense n'ont qu'à ne point se présenter, dit M. Martin.

— Quant à moi, dit M. Lefèvre, je ne comprends bien le *self-government*, le gouvernement par soi-même, qu'avec des fonctions gratuites. Mais écoutez encore cet article (76) : « Le préfet ou son représentant assiste aux séances de la commission; ils sont entendus quand ils le demandent. Les chefs de service des administrations publiques, dans les départements, sont tenus de fournir, verbalement ou par écrit, tous les renseignements qui leur seraient réclamés par la commission départementale sur les affaires placées dans ses attributions. »

— Les attributions, dit M. Martin, sont encore plus importantes à connaître que l'organisation ; M. Laurentin aura bien l'obligeance de les résumer, on pourra relire la loi après, si l'on veut.

— Je vais tâcher de vous satisfaire, répondit M. Lau-

7

rentin. Il y a un classement des attributions qui se présente tout seul : 1° pouvoirs propres ; 2° pouvoirs délégués par le conseil. Le pouvoir propre est celui dont la commission est chargée directement par la loi ; le pouvoir délégué pourrait être retenu par le conseil — en entier ou en partie — et la commission n'en est chargée que parce que le conseil n'a pas eu le temps ou l'occasion d'accomplir toute sa mission, ou parce qu'il ne siège pas assez souvent, ou par une autre raison quelconque d'utilité générale. En fait, la commission supplée assez souvent le conseil ; c'est une sorte de délégation tacite, mais il est de principe que la délégation devrait être exprimée et exactement déterminée.

« Nous n'avons pas besoin de nous arrêter au pouvoir que le conseil peut déléguer volontairement, mais rendons-nous bien compte de l'ensemble des attributions qui incombent directement à la commission. Ces attributions sont de deux sortes : la commission contrôle le préfet ; elle intervient dans l'administration.

« Il vous sera facile de distinguer le contrôle de l'administration ; j'entre donc en matière.

« La commission départementale reçoit, au commencement de chaque mois, du préfet et de l'ingénieur en chef, « l'état détaillé des ordonnances de délégation qu'il a

reçues et des mandats de payement qu'il a délivrés pendant le mois précédent, concernant le budget départemental. »

— Une ordonnance de délégation ?

— Voici ce que c'est : aucune dépense ne peut être faite
sans qu'elle ait été ordonnée ou « ordonnancée » par un
ministre. Mais il est des cas où le ministre ne peut pas entrer dans les détails, — d'autres fonctionnaires en sont
responsables ; dans ce cas, le ministre donne une délégation en bloc pour une somme déterminée. Il est inutile
de dire que les fonds départementaux perçus par les agents
de l'État sont mis de cette façon à la disposition du préfet, lequel, pour payer les dépenses, donne (ou délivre) des
mandats qui autorisent le créancier du département à tou-
cher la somme due. Pour la même raison que le ministre
délègue le préfet, pour ordonnancer, le préfet sous-délègue
l'ingénieur en chef, qui devient ainsi *sous-ordonnateur*.

— Je vois bien, dit M. Lefèvre, qu'il y a là un contrôle ;
ces rapports mensuels empêchent les tours de faveur, la
précipitation dans les dépenses et d'autres abus.

— Sauf si la commission est de connivence, fit remarquer M. Martin.

— Il n'est pas probable qu'elle le soit jamais, répondit
M. Laurentin, si l'on en a bien choisi les membres.

« Mais continuons. A l'ouverture de chaque session ordinaire du conseil général, la commission départementale lui fait un rapport sur l'ensemble de ses travaux et lui soumet toutes les propositions qu'elle croit utiles. Elle lui soumet notamment, au mois d'août, un rapport sommaire sur le budget proposé par le préfet, et elle présente en même temps le relevé de tous les emprunts communaux et de toutes les contributions extraordinaires communales qui ont été votées depuis la précédente session d'août, avec indication du chiffre total des centimes extraordinaires et des dettes dont chaque commune est grevée.

— Le conseil général, dit M. Lefèvre, a besoin de ces renseignements, puisqu'il répartit les dépenses entre les communes.

— La commission départementale, *après avoir entendu l'avis et les propositions du préfet,* c'est dans la loi, dit M. Laurentin :

« 1° Répartit les subventions diverses portées (inscrites) au budget départemental, et dont le conseil général ne s'est pas réservé la distribution, les fonds provenant des amendes de police correctionnelle, et les fonds provenant des prestations en nature.

— Les amendes de police correctionnelle ?

— Oui, l'article 466 du code pénal prescrit que ces amen-

des « seront appliquées au profit de la commune où la contravention aura été commise. » Une ordonnance royale du
30 décembre 1823 constitue le produit de ces amendes en
fonds communs et indique comment la répartition en sera
faite. Je dirai seulement qu'une partie en est consacrée
au service des enfants assistés et qu'une autre partie est
distribuée entre les communes les plus nécessiteuses.
Cette distribution s'opérait autrefois par le préfet seul ; actuellement l'influence de la commission est prépondérante.

« 2° Elle détermine l'ordre de priorité des travaux à la
charge du département, lorsque cet ordre n'a pas été
fixé par le conseil général. La priorité est souvent un
avantage assez important.

« 3° Elle fixe l'époque et le mode d'adjudication ou de
réalisation des emprunts départementaux, lorsqu'ils n'ont
pas été fixés par le conseil général. La commission ne fait
ici que suppléer le conseil.

4° Elle fixe l'époque de l'adjudication des travaux d'utilité départementale. C'est une mesure purement administrative.

« La commission prononce, sur l'avis des conseils municipaux, la déclaration de vicinalité, le classement, l'ouverture et le redressement des chemins vicinaux ordinai-

res; la fixation de la largeur et de la limite de ces chemins. Ces attributions étaient également exercées autrefois par le préfet. J'expliquerai la signification de ce vote quand nous causerons des chemins vicinaux. Je passe quelques attributions moins importantes de la commission pour répondre à une question que vous pourriez me faire.

— Quelle question ?

— Vous pourriez demander : La commission a des rapports fréquents avec le préfet ; s'ils n'étaient pas d'accord, qu'arriverait-il ? La loi prévoit le cas ; s'il y a désaccord, l'affaire peut être renvoyée à la plus prochaine session du conseil général, et ce dernier statuera définitivement. Mais le désaccord peut devenir un conflit, ou la commission peut vouloir outrepasser ses droits ; alors le conseil général sera immédiatement convoqué pour statuer sur les faits qu'on aura à lui soumettre. « Le conseil général pourra, s'il le juge convenable, procéder dès lors à la nomination d'une nouvelle commission départementale. »

« On peut presque toujours en appeler de la commission départementale au conseil général, même pour les décisions qu'elle a prises en vertu des pouvoirs que la loi lui confère directement. Il y a des cas aussi où les décisions des commissions peuvent être déférées par les intéressés au Conseil d'État, pour cause d'excès de pouvoirs ou de violation de la loi ou d'un règlement d'administration publique. Le recours au Conseil d'État doit avoir lieu dans le délai de deux mois, à partir de la communication de la décision attaquée. Il peut être formé sans frais.

— Dans les rapports entre les hommes, fit observer M. Lefèvre, les choses ne vont pas toujours comme sur des roulettes.

— Est-ce que les départements n'ont pas aussi des rapports entre eux ? demanda Gaston.

— Ils ont quelquefois des intérêts communs, répondit son père. Autrefois, c'était par l'intermédiaire des préfets et du ministre de l'intérieur que ces affaires étaient réglées ; depuis la loi de 1871, deux ou plusieurs conseils généraux voisins peuvent s'entendre par l'entremise de leurs présidents et après en avoir averti les préfets.

— Ainsi, dit M. Lefèvre, ils peuvent faire des conventions à l'effet d'entreprendre ou de conserver à frais communs des ouvrages ou des institutions d'utilité commune ?

— Parfaitement, répondit M. Laurentin. Des conférences, où chaque conseil est représenté par sa commission départementale ou par une commission spéciale, ont lieu ; les questions d'intérêt commun y sont débattues et décidées dans la mesure des pouvoirs que les conseils généraux possèdent, c'est-à-dire qu'ils statuent, selon le cas, ou délibèrent seulement. Les préfets des départements intéressés peuvent toujours assister aux conférences.

« La loi prévoit qu'on voudrait discuter dans ces conférences interdépartementales autre chose que des objets d'utilité départementale compris dans les attibutions des conseils généraux ; en pareil cas, le préfet du département où la conférence a lieu déclare la réunion dissoute, et toute délibération prise après cette déclaration donnerait lieu à des peines sévères. »

CHAPITRE XIV

LE CONSEIL DE PRÉFECTURE.

« Vous nous avez promis, dit M. Lefèvre, qu'on n'oublierait pas le conseil de préfecture.

— Je vais m'acquitter immédiatement de ma promesse, répondit M. Laurentin. Au fond, je n'aurai qu'à compléter les notions que vous possédez déjà. Vous savez que lés conseillers sont nommés par le Président de la République sur la proposition du ministre de l'intérieur, et qu'il y en a trois ou quatre par département (à Paris, huit), selon l'importance des affaires; vous connaissez aussi leur principale attribution, le contentieux administratif.

—Je ne me rappelle pas, dit Jean, ce que signifie ce mot.

— Nous ne nous sommes peut-être pas servis de cette expression, mais la chose a été expliquée. Contentieuses sont les affaires sur lesquelles il y a contestation *fondée sur un droit*. Si une décision administrative ne lèse pas de droit, on peut bien être mécontent et se plaindre d'un préjudice, mais l'*intérêt* lésé n'est pas le *droit* lésé. Pour faire changer une décision qui vous porte préjudice, vous ne pouvez pas vous servir de « la voie contentieuse », — c'est-à-dire que vous ne pouvez vous adresser au conseil de préfecture ou au Conseil d'État; — il faut prendre « la voie gracieuse », s'adresser au pouvoir discrétionnaire de l'administration, préfet ou ministre, montrer qu'elle s'est trompée dans ses appréciations, qu'elle cause un dommage imprévu, ou donner d'autres raisons analogues.

— Cela veut dire, fit remarquer M. Martin, qu'on s'adresse à sa bonne volonté, à sa bienveillance.

— La bienveillance ne nuit jamais, fit observer de son

côté M. Lefèvre, mais je n'aime pas la voie « gracieuse » ;
au lieu de grâces, ce sont des lumières qu'il faut.

— C'est ainsi qu'on l'entend généralement, dit M. Laurentin ; il est reçu, par exemple, « d'en appeler du ministre (ou du préfet) au ministre (ou au préfet) mieux éclairé ».
On l'éclaire, bien entendu, par de bonnes raisons. Du reste,
ne nous attardons pas à des explications de mots ; des lois
ont indiqué en détail les matières que le conseil de préfecture juge, et il suffira de vous en faire connaître les principales pour éviter toute erreur. Parmi ces matières, il faut
nommer avant tout les contributions directes, les travaux
publics, les grandes routes et les chemins vicinaux, la
salubrité publique, les élections des conseils de prud'
hommes, les servitudes défensives (terrains autour des
fortifications), la navigation, les domaines nationaux, et
quelques matières moins importantes. N'oublions cependant pas de dire que les conseils de préfecture vérifient les
comptes des receveurs des communes, octrois, hospices et
autres établissements de bienfaisance, ceux des économes
des écoles normales, lorsque le revenu n'excède pas 30,000 f.,
sauf recours ou appel à la Cour des comptes.

— Il me semble, dit M. Lefèvre en s'adressant à Jean,
qu'avec cette énumération, il n'est plus possible de s'y
tromper ?

— Oh! non, père, répondit son fils. Je vois bien que dans les procès devant le conseil de préfecture, il y a toujours un intérêt public en jeu.

— Et un intérêt privé aussi. Pour que le particulier puisse intervenir, dit M. Martin, il faut qu'il soit lésé; seulement, en le dédommageant, le conseil se préoccupe en même temps des intérêts généraux.

— Je continue, dit M. Laurentin. Le conseil de préfecture a « des attributions répressives », c'est-à-dire qu'il a le pouvoir de prononcer des amendes en matière de voirie et quelques autres, mais il ne peut pas édicter la prison.

— Et ses attributions consultatives?

— Elles tendent à diminuer, par suite des pouvoirs de plus en plus grands qu'on a donnés au conseil général et de la création de la commission départementale. Il est des personnes qui voudraient renfermer le conseil de préfecture dans ses fonctions de juge administratif; mais quelle objection peut-on élever contre un préfet qui consulte, sans y être obligé, le conseil de préfecture? Aucune. La loi lui permet de le consulter tant qu'il veut; mais, quand il le fait de son plein gré, il ne doit pas le dire...

— Comment cela? s'écria-t-on,

— Laissez-moi donc achever. Il y a des cas où la loi impose au préfet l'obligation de consulter le conseil de pré-

fecture; alors, il faut bien qu'il mette en tête de son arrêté : « Le conseil de préfecture entendu. » Il doit citer la
loi qui lui impose le devoir de consulter, et affirmer qu'il a
obéi; à la loi. Mais, quand il consulte le conseil des on plein
gré, il ne doit pas inscrire en tête de son arrêté : « Le
conseil de préfecture entendu. »

— Et pourquoi pas ?

— Il peut y avoir plusieurs raisons. Le législateur
a voulu que certains actes portent au front le cachet
d'une délibération solennelle, pour ajouter à leur importance; il faut que ces actes seuls aient cette marque pour
qu'elle conserve toute sa valeur.

— Le préfet est-il tenu de se soumettre au vote de la
majorité du conseil de préfecture?

— Nullement, car lui seul est responsable; mais, s'il
ne cède pas aux raisons du conseil, c'est qu'il les a pesées
et a trouvé les siennes meilleures.

— Quelles sont les matières où le préfet est tenu de consulter le conseil de préfecture ?

— On peut dire aussi « où le préfet prononce en conseil
de préfecture », car il le préside quand il le juge à propos.
Ces matières sont assez nombreuses; les principales sont
du domaine des impôts, des travaux publics, de l'administration communale et des élections. Ainsi, pour ne citer

que ce dernier cas, si le préfet estime que les formalités et les délais prescrits par la loi pour la révision annuelle de la liste électorale des députés n'ont pas été observés, il doit, dans les deux jours de la réception du tableau dressé par le maire, déférer les opérations au conseil de préfecture, qui statue dans les trois jours, et fixe, s'il y a lieu, le délai dans lequel les opérations annulées doivent être refaites. Ici, au fond, c'est le préfet qui fixe le nouveau délai, après que le conseil a confirmé le préfet dans sa manière de voir sur les irrégularités de la précédente liste.

— Le conseil de préfecture a-t-il encore d'autres attributions ?

— Il est chargé, en partie, de la tutelle administrative, c'est-à-dire qu'une commune, un hospice ou un autre établissement public ne peut pas plaider ou aller en justice sans être autorisé par le conseil de préfecture. On comprend que l'autorisation n'est accordée que s'il paraît être dans l'intérêt de la commune ou de l'établissement public de soutenir le procès.

— Il me semble, dit M. Lefèvre, qu'un conseiller de préfecture supplée quelquefois le préfet.

— C'est vrai, mais pour de courtes absences seulement ; et encore le préfet se fait-il le plus souvent remplacer maintenant par le secrétaire général de la préfecture.

Mais les conseillers de préfecture peuvent suppléer le sous-préfet, ils peuvent présider le conseil de révision du recrutement et diriger d'autres opérations au nom du préfet.

— En somme, reprit M. Lefèvre, leur principale attribution est toujours le contentieux ; ils ne manquent pas d'occupation sous ce rapport, et beaucoup de gens croient qu'on devrait plutôt étendre que restreindre cette attribution. »

CHAPITRE XV

L'ARRONDISSEMENT

Quand la petite société fut réunie et qu'on eut communiqué et commenté les nouvelles de la localité, M. Martin, s'adressant à M. Laurentin, dit :

« De quoi causerons-nous ce soir ?

— Vous semblez croire, lui fut-il répondu, que nous avons étudié à fond le département et que nous pouvons passer à un autre sujet ?

— Nous avons, en effet, examiné les attributions du

préfet, du conseil général, de la commission départementale, du conseil de préfecture, dit M. Martin.

— C'est donc le tour de l'arrondissement, fit remarquer M. Laurentin.

— Tous les départements sont divisés en arrondissements, ajouta Gaston.

— Dans chaque département, il y a au moins trois, au plus sept arrondissements, » dit Jean, qui tenait à montrerqu'il savait sa géographie de la France.

Pour peu que l'on l'y eût encouragé, il aurait récité tous les arrondissements, et par département encore, car il avait bonne mémoire. Mais il ne s'agissait pas de géographie.

« L'arrondissement, dit M. Laurentin, est purement et simplement une division administrative et un ressort de tribunal civil. Le département est trop grand pour que le préfet puisse tout faire sans l'aide de sous-préfets. Il y a toujours eu des arrondissements en France, sous des noms différents ; il y en a aussi dans les autres pays. Néanmoins, il est des personnes qui voudraient les supprimer comme inutiles ; je ne suis pas de leur avis, je crois que si on les supprimait, on ne tarderait pas à les rétablir d'une façon ou d'une autre.

— Je vote pour le sous-préfet, s'écria Gaston.

— Cependant, dit M. Lefèvre, il n'y en a pas dans l'arrondissement préfectoral (l'arrondissement qu'habite le préfet).

— Il y en avait autrefois, mais on a trouvé que le préfet était si près, qu'on pouvait se passer de sous-préfet; en revanche, il est des parties du département qui sont si éloignées du chef-lieu, que les intérêts généraux en souffriraient, si l'autorité préfectorale n'y était pas représentée par un délégué.

— C'est ce délégué, le sous-préfet, qui exerce les pouvoirs du préfet? demanda M. Martin.

— Pas tout à fait, fut la réponse. Le sous-préfet a une autorité moindre que le préfet. Il en est le subordonné, l'auxiliaire; il a cependant des attributions propres.

— Donnez-nous quelques détails sur ces attributions.

— Je vais vous en dire au moins les plus importantes.

« Il y a d'abord les attributions générales, par exemple la transmission des ordres de l'autorité supérieure, soit aux maires, soit à l'ensemble des citoyens; il y a l'étude préparatoire des affaires à soumettre au préfet, la communication des renseignements demandés, les rapports avec le conseil d'administration; il y a ensuite les mesures à prendre dans l'intérêt de la sécurité publique; en cas d'urgence, il peut requérir la force armée, il peut exercer toute l'autorité préfectorale, à titre provisoire, bien entendu.

— Par exemple en cas de sinistre, dit M. Martin.

— Je comprends les nécessités de l'urgence, dit M. Lefèvre. L'autorité doit toujours être présente là où on en a besoin.

— C'est très juste, dit M. Laurentin. Le sous-préfet a, en outre, des attributions spéciales.

« Ainsi, en matière militaire, il arrête, avec l'assistance des maires, les tableaux de recensement qui servent au recrutement annuel de l'armée et préside les opérations du tirage au sort. Il a voix consultative au sein du conseil de révision, il est le suppléant du sous-intendant militaire, il légalise certaines pièces relatives au service militaire.

« En matière financière, il nomme les répartiteurs ; dans certains cas, il transmet au préfet, avec son avis, les réclamations des contribuables ; il rend exécutoires les frais de poursuite ; il exerce une certaine surveillance sur les percepteurs et prend diverses mesures d'ordre ou commandés par l'urgence. Il nomme les simples préposés d'octroi, il autorise les débits temporaires de boissons (pour une foire ou un marché).

« En matière municipale, le sous-préfet, qui est plus

8

près de la commune que le préfet, est souvent appelé à donner son avis motivé ; il prépare un grand nombre d'affaires en les étudiant sur place ; il vérifie tous les trois mois les caisses des communes qui ont plus de 10,000 fr. de revenu ; il autorise ou prescrit les convocations extraordinaires du conseil municipal, et il donne son *visa* dans un certain nombre de cas qu'il serait trop long d'énumérer.

« Le sous-préfet intervient dans beaucoup de circonstances qui concernent l'arrondissement, et presque partout où le représentant de l'autorité est nécessaire.

— Je comprends, dit M. Lefèvre, qu'on rapproche l'autorité du citoyen, dans l'intérêt de ce dernier, on pourrait dire pour sa commodité; mais l'administration elle-même doit désirer pouvoir être présente partout, afin de mieux voir et d'agir plus vite. C'est ainsi qu'elle rendra le plus de services.

— Est-ce que les arrondissements ont des propriétés? demanda M. Martin.

— Ils n'en ont point, répondit M. Laurentin.

— Mais à qui appartient l'hôtel de la sous-préfecture?

— Au département. C'est le conseil général qui vote — et qui est tenu de voter — les fonds nécessaires pour son entretien.

— On ne pourrait donc rien léguer à l'arrondissement,

par exemple une collection de tableaux pour faire un musée au chef-lieu, ou un hospice pour les vieillards du département ?

— Si, on le peut. La collection de tableaux devrait être léguée au chef-lieu, qui est une commune, et qui, à ce titre, peut accepter un don et peut le posséder. Quant à l'hospice, c'est le département qui l'accepterait sous la condition d'en faire profiter tel arrondissement.

— S'il en est ainsi, fit remarquer M. Martin, ce n'est pas sur la caisse de l'arrondissement que le sous-préfet est rétribué.

— L'arrondissement n'a pas de caisse à lui, dit M. Laurentin. Du reste, le sous-préfet n'est pas rétribué non plus par la caisse départementale ; c'est un fonctionnaire de l'État, c'est l'État qui le paye et qui lui fournit en même temps un fonds d'abonnement pour rémunérer ses employés et couvrir les dépenses du matériel (fournitures de bureau, etc.).

— On a mentionné tout à l'heure le conseil d'arrondissement, rappela Gaston, mais on n'en a plus reparlé.

— On ne l'oubliera pas, mon fils. Ce conseil a été créé en même temps que l'arrondissement et que le sous-préfet, par la même loi du 28 pluviôse an VIII, qui a créé les préfets et le conseil général ; cette loi a été modifiée en

1833 (22 juin), et depuis lors on n'y a presque plus touché. L'organisation en est simple ; il va sans dire que les membres du conseil sont élus.....

— Par les cantons, s'écria Jean, comme les membres du conseil général.

— Justement. Seulement, comme certains arrondissements ont peu de cantons, la loi fixe à 9 le nombre minimum des membres ; lorsqu'il y a moins de 9 cantons, les cantons les plus peuplés en élisent deux. Les conseillers d'arrondissement sont élus pour six ans et se renouvellent par moitié. Il n'est pas nécessaire de dire que les fonctionnaires en rapport avec l'arrondissement ne peuvent pas être membres du conseil ; personne non plus ne peut être de deux conseils d'arrondissement, ni à la fois du conseil général et du conseil d'arrondissement.

— Et les électeurs ?

— Ce sont les mêmes que pour les conseillers municipaux ou les conseillers généraux ; c'est la même liste électorale. Si des protestations sont formées contre les élections au conseil d'arrondissement, c'est le conseil de préfecture qui statue.

— Le conseil d'arrondissement a-t-il, comme le conseil général, une date fixe pour se réunir ?

— Il y a au moins une session tous les ans, session divisée en deux parties, l'une précédant, l'autre suivant la session du conseil général...

— Pourquoi divisée ?...

— Nous verrons cela tout à l'heure. Mais, puisque cette session est en rapport avec celle du conseil général, il faut bien qu'elle soit à date fixe ; seulement, le conseil ne peut pas se réunir sans avoir été convoqué par le préfet, qui indique le jour de la réunion. Une fois réuni, le conseil se constitue, nomme ses président, vice-président et secrétaires et règle l'ordre de ses délibérations. Le sous-préfet a entrée au conseil, il assiste aux délibérations et doit être entendu quand il le demande. Les séances du conseil d'arrondissement ne sont pas publiques, mais on peut lire et copier son procès-verbal. Il ne doit pas délibérer sur des objets qui ne sont pas compris dans ses attributions ; la nullité de ces délibérations est prononcée par décret. Un conseil d'arrondissement peut être dissous, mais il doit être procédé à l'élection d'un nouvau conseil avant la session d'août du conseil général et au plus tard dans les trois mois après la dissolution.

— Pour tout ce qui est organisation, dit M. Lefèvre, il est possible de deviner la plupart des dispositions, parce que les choses se tiennent et que souvent elles ne peuvent pas être autrement. Par exemple, c'est toujours la majorité qui l'emporte ; ici aussi, celui qui n'assiste pas aux séances, sans excuse, est considéré comme démissionnaire, et je pourrais citer d'autres exemples. Ce qu'on ne peut pas deviner, ce sont les attributions.

— Ce n'est d'ailleurs pas nécessaire, fit remarquer M. Laurentin, puisque nous avons sous la main la loi du 10 mai 1838 ; dans cette loi nous trouvons tout ce qu'il nous faut, même la réponse à la question qui a été faite, il y a un instant : pourquoi la session est divisée en deux parties. Dans la première partie de la session, le conseil délibère sur les réclamations auxquelles donne lieu la fixation du contingent des contributions directes, ainsi que sur les demandes en réduction de contribution formées par les communes. C'est le conseil général que doit statuer définitivement sur ces réclamations, et sans retard, car, après sa session d'août, le conseil d'arrondissement se réunit de nouveau afin de répartir par commune le contingent assigné à l'arrondissement. C'est la seconde partie de la session.

— Mais ce n'est pas là son unique attribution ?

— Oh ! non. Il prépare à beaucoup d'égards la besogne du conseil général ; aussi est-ce dans la première partie de sa séance ordinaire qu'il travaille le plus. On peut lui demander son avis sur beaucoup de choses, mais on est tenu de le demander: 1° sur les changements proposés à la circonscription du territoire de l'arrondissement, des cantons et des communes et à la désignation de leurs chefs-lieux ; 2° sur le classement et la direction des chemins vicinaux de grande communication ; 3° sur l'établissement et la suppression ou le changement des foires et marchés ; 4° sur la part imposée à chaque commune dans les travaux intéressant plusieurs communes à la fois.

« Quant aux questions sur lesquelles le conseil peut être consulté, ce sont toutes celles qui peuvent intéresser l'arrondissement.

— Je comprends cela très bien, dit M. Martin ; si le gouvernement veut savoir ce que les citoyens pensent de l'utilité d'un travail ou d'une institution, ou aussi, comment il faut les faire ou organiser, il consulte le conseil d'arrondissement.

— C'est pour la même raison, ajoute M. Lefèvre, que le conseil d'arrondissement peut émettre des vœux sur les objets intéressant spécialement la circonscription. Il peut transmettre au préfet, par l'intermédiaire de son président, son opinion sur l'état et les besoins des différents services publics dans l'arrondissement. Il n'a pas à s'occuper des intérêts généraux, ce n'est pas dans ses attributions.

— Nous avons encore à mentionner, dit M. Laurentin, les fonctions dont les conseillers d'arrondissement sont chargés individuellement. Je rappellerai d'abord que le conseiller général et le conseiller de préfecture ont également de ces fonctions. Lorsqu'il s'agit d'occuper un homme tout le long de l'année, on nomme un employé et on lui donne un traitement ; mais, s'il suffit de consacrer de temps à autre quelques heures au service public, alors il est naturel de choisir de préférence parmi les hommes qui jouissent de la confiance de leurs concitoyens.

« Vous voudriez que je vous indique quelques exemples ? Eh bien, en voici :

« Un membre du conseil d'arrondissement désigné par la commission départementale fait partie du conseil de révision pour le recrutement de l'armée ;

« Le conseiller d'arrondissement remplace le conseiller général empêché dans la commission chargée de l'établissement de la liste annuelle du jury ;

« Le préfet peut désigner des membres du conseil d'arrondissement pour faire partie de la commission d'enquête en matière d'expropriation pour cause d'utilité publique ;

« Un conseiller d'arrondissement peut aussi être choisi par le préfet pour remplacer temporairement le sous-préfet.

— Et si un conseiller d'arrondissement refusait de faire le service ? demanda M. Martin.

— Je crois qu'il est très rare qu'il refuse sans avoir des

excuses légitimes ; mais, s'il n'avait pas d'excuses, il se-rait réputé démissionnaire et remplacé. Il ne pourrait être réélu immédiatement, mais seulement après une année d'intervalle. »

CHAPITRE XVI

LE CANTON.

« Nous avons bien souvent mentionné le canton, dans nos conversations, dit M. Lefèvre au début de la soirée, il me semble qu'il conviendrait de s'y arrêter un peu.

— Je ne demande pas mieux, dit M. Martin.

— Ni moi non plus, ajouta M. Laurentin.

— Je tiens à en causer, reprit M. Lefèvre, parce que j'ai entendu dire qu'on n'utilise pas assez le canton.

— Il me semble cependant qu'on l'utilise bien, dit M. Martin. Chaque canton a un juge de paix; c'est par canton qu'on nomme les conseillers généraux et d'arron-dissement; c'est par canton que se fait le recrutement de l'armée. Voilà trois choses très importantes, que veut-on de plus?

— On voudrait un lien entre les communes, surtout entre les petites; on voudrait leur donner des intérêts communs, un conseil cantonal et peut-être un agent d'exécution; on voudrait une sorte de commune cantonale.

— On veut donc supprimer la commune? demanda Gaston.

. — Oh! non, fut la réponse. De même qu'il y a maintenant la commune et l'arrondissement, il y aurait la commune et le canton.

— Et pourquoi veut-on supprimer l'arrondissement?

— Parce qu'il est trop loin ou trop grand.

— Et moi, je trouve le canton trop petit et trop près.

— Vous voyez, chers voisins, dit à son tour M. Laurentin, que les préférences reposent sur un sentiment, et non sur de bonnes raisons. Or, en administration, toutes les mesures devraient être fondées sur la raison et s'appuyer sur l'expérience. Tenez, j'ai réfléchi à la question et j'ai même lu, là-dessus, ce qu'a écrit un homme très distingué, que j'ai connu dans ma jeunesse et pour lequel j'avais une haute estime, M. Vivien. Dans son livre, il plaide en faveur du canton; il raconte cependant (t. II, p. 71) que la loi de 1795, qui organise le canton, n'était pas populaire, parce qu'elle annulait trop la commune. Celle-ci n'était pas supprimée; chaque commune avait son agent municipal, mais, le conseil municipal siégeant au chef-lieu du canton, la commune se trouvait absorbée. Aussi, la loi de l'an VIII, qui supprime pourtant l'élection des pouvoirs municipaux, a été reçue avec reconnaissance, parce qu'elle rétablissait les communes dans tous leurs droits. On ne saurait donc dire que l'expérience a été favorable au canton. La législation de 1795 à 1798 n'était pas une expérience complète, mais, à coup sûr, elle parle plutôt contre que pour le canton.

— On pourrait faire, aujourd'hui, en faveur du canton, une loi meilleure que celle de 1795, dit M. Lefèvre.

— Eh bien, moi, dit M. Martin, je crois que si la subordination des communes au canton pouvait se justifier en 1795, où, dans beaucoup de villages, personne ne savait lire, elle s'expliquerait moins aujourd'hui, où l'instruction est plus répandue, et où l'on a, de longue main, acquis l'habitude d'administrer.

— Je suis du même avis, dit M. Laurentin. Je suis, en outre, frappé d'une autre circonstance. M. Vivien, et avec lui quelques autres personnages considérables, comme M. Odilon Barrot, étaient députés, et ils ne manquèrent pas de proposer leurs idées. En 1836, lors de la discussion du projet qui devint la loi de 1837, ils échouèrent complètement.

— Et la raison qu'on leur opposa?

— Fut qu'on aurait à nommer un fonctionnaire par canton, un petit sous-préfet ; au lieu de 3 à 400, on aurait 3 à 4,000 sous-préfets. Puis il y aurait un budget cantonal à côté du budget communal.

— Puisqu'il n'y a pas de budget d'arrondissement, objecta M. Lefèvre, il ne serait pas nécessaire d'avoir un budget cantonal.

— Cela ne s'ensuit pas, dit M. Martin. L'arrondissement est une fraction du département, c'est ce dernier qui pourvoit à ses besoins ; mais le canton n'est pas une fraction de commune, c'est une commune agrandie. On considère la commune proprement dite comme trop faible; le canton fera donc une partie de la besogne, et il en fera de plus en plus, car on l'a sous la main. On lui donnera des fonctions comme on en donne aujourd'hui aux con- seillers généraux et d'arrondissement; on les a sous la main.

— Cette crainte d'un budget, reprit M. Laurentin, a eu, je crois, son influence. La constitution de 1848 fut favo- rable au canton, et le Conseil d'État fut chargé de présen- ter un projet. M. Vivien était alors membre du Conseil d'État ; c'est lui qui fut, naturellement, chargé du rapport. Eh bien, dans le Conseil d'État, on refusa le budget au

conseil cantonal; on ne voulut pas en faire une administration complète.

— Pouvez-vous nous donner une idée de ce projet?

— Je viens de le relire. Commençons par la *composition*
du conseil cantonal. Trois cas sont possibles : 1° le canton
se compose uniquement d'une ville. Dans ce cas, on
adjoint au conseil municipal le membre du conseil général
et le juge de paix, et l'on a le conseil cantonal. Pourquoi
le juge de paix qui n'est pas élu, et qui est un juge et
non un administrateur? 2° Le canton se compose d'une
ville et de quelques communes rurales. Alors on adjoint au
conseil municipal de la ville, le membre du conseil général, le juge de paix et un délégué élu par chaque conseil
municipal des communes rurales, combinaison, soit dit
en passant, qui mettrait ces communes en minorité
perpétuelle en face du conseil municipal de la ville; 3° Le
canton renferme uniquement des communes rurales, alors
le conseil cantonal se compose du membre du conseil général, du juge de paix, d'un délégué par conseil municipal. Le conseil cantonal se réunirait tous les trois mois.

« Quant aux *attributions* du conseil cantonal, elles étaient
encore moindres que celles du conseil d'arrondissement. Le
conseil cantonal donnerait son avis : 1° sur la répartition.
en ce qui touche les communes du canton, du contingent

de l'arrondissement dans les contributions directes; 2° sur les questions qui se rattachent à la vicinalité, au régime des eaux, à la salubrité, à l'agriculture; 3° sur des matières moins importantes. Il était en outre appelé à répartir entre les communes les fonds de secours et d'encouragement et à formuler des vœux sur des matières qui concernent le canton.

— C'était faire beaucoup de bruit pour peu de chose, dit M. Martin. Qu'est devenu le projet du Conseil d'État ?

— On l'a soumis à l'Assemblée législative, qui l'a renvoyé à une commission. La commission a remplacé les délégués des communes par les maires et a écarté le juge de paix par respect pour le principe de la séparation des pouvoirs. Les réunions ne sont plus trimestrielles, on n'accorde que deux sessions, une avant, une après la session ordinaire du conseil général (en août); c'est l'analogue de la session en deux parties des conseils d'arrondissement. Pour les attributions, la commission parlementaire est plus généreuse que le Conseil d'État, quoique elle aussi refuse le budget au canton; mais elle en fait une personne civile, qui peut posséder et administrer, et va plus loin encore en donnant au membre du conseil général qui préside le conseil cantonal, dans bien des cas, le pouvoir d'un maire. Il y avait, dans ce projet amendé bien des dispositions contradictoires, et je ne sais ce qu'il en serait advenu lors de la discussion, si les événements politiques n'avait pas tout annulé.

— Le voisin Martin va triompher, dit M. Lefèvre, et je dois avouer que ces tentatives n'ont rien d'encourageant. Franchement, je ne vois pas quelle amélioration cette législation aurait introduite dans notre administration locale, si elle avait abouti. Car enfin, on ne change pas pour changer, mais pour améliorer.

— C'était un sentiment qui dominait dans les auteurs du projet, dit à son tour M. Laurentin ; on voulait la décentralisation et l'on espérait y arriver par le canton. On avait un excellent but, mais on ne prenait pas le chemin le plus court pour y arriver. Ce chemin, on l'a pris depuis lors : on a étendu largement les attributions des conseils généraux ; des lois postérieures ont donné sensiblement plus que ne demandaient MM. Odilon Barrot, Vivien et leurs amis.

— Ainsi donc, vous êtes de mon avis, dit M. Martin, qu'il faut conserver l'arrondissement et laisser le canton à peu près tel qu'il est. »

FIN.

TABLE ALPHABÉTIQUE DES MATIÈRES

A

Adjudication, 40, 78. — Aliénés, 93. — Amendes de police correctionnelle, 100. — Arrondissement, 110. — Assistance publique, 92. — Autonomie, 25. — Avis, 64.

Bourses, 91. — Budget départemental, 66.

C

Canton, 121. — Centimes additionnels, 67, 69. — Centralisation, 13. — Comité secret, 54. — Commission départementale, 28, 94. — Conférences interdépartementales, 104. — Conflit, 35. — Conseil d'arrondissement, 115. — Conseil de préfecture, 104. — Conseil général, 20, 22, 42. — Conseiller général, 43, 50, 58. — Contentieux administratif, 105. — Crédit (ouvrir un), 75.

D

Décentralisation, 18, 19. — Délégation, 59, 98. — Délibération, 63, 65. — Département (définition), 7, 9. — Directoire, 16. — Dons et legs, 89.

E

École normale, 90. — Élections, 43. — Enfants assistés, 92, 93. — Emprunts, 70. — Enquête, 80, 81. — Exercice (fin du budget), 76. — Expropriation, 80.

F

Fonds d'abonnement, 33. — Fonds de subvention, 69.

I

Incompatibilité, 45, 46. — Instruction primaire, 91. — Intendant, 16.

M

Mandat, 75. — Mainmorte, 86. — Matrice des rôles, 35, 68.

O

Ordonnance de délégation, 99. — Ordonnancement, 75. — Ouvrir un crédit (budget), 99.

P

Police, 34. — Préfet, 32, 34. — Principal des contributions, 68. — Province, 7. — Publicité des séances.

R

Réclamations, 48. — Recours, 103. — Règlement d'administration publique, 57. — Répartition, 60. — Routes (classifications des), 79, 80.

S

Self-government, 24, 97. — Servitudes défensives, 106. — Sessions des conseils généraux, 50. — Solidarité nationale, 23. — Sous-délégation, 99. — Sous-ordonnateur, 99. — Sous-préfet, 111. — Statuer, 59, 61.

T

Tutelle administrative, 23.

V

Voie contentieuse, 105. — Voie gracieuse, 105.

Châteauroux. — Typog. et Stéréotyp. A. Nuret et Fils.

www.ingramcontent.com/pod-product-compliance
Lightning Source LLC
Chambersburg PA
CBHW060821250626
47162CB00005B/1890